Du sollst in Freiheit leben

Du sollst in Freiheit leben

Eine neue Dimension der Zehn Gebote

Herausgegeben von
HERBERT A. GORNIK

Christophorus-Verlag · Freiburg im Breisgau
Burckhardthaus-Laetare Verlag · Offenbach

CIP-Kurztitelaufnahme der Dutschen Bibliothek

Du sollst in Freiheit leben: e. neue Dimension d. 10 Gebote / hrsg. von Herbert A. Gornik. [In Zusammenarbeit mit d. Red. Religion u. Kirche beim Deutschlandfunk in Köln.] – Freiburg im Breisgau: Christophorus-Verlag; Offenbach: Burckhardthaus-Laetare Verlag, 1986.
ISBN 3-419-50803-4 (Christophorus-Verlag)
ISBN 3-7664-9214-4 (Burckhardthaus-Laetare)

NE: Gornik, Herbert [Hrsg.]

Herstellung: Franz X. Stückle, Ettenheim

Dieses Buch entstand in Zusammenarbeit mit der Redaktion „Religion und Kirche“ beim Deutschlandfunk in Köln.

Der Christophorus-Verlag und der Burckhardthaus-Laetare Verlag sind Mitglieder des Verlagsrings Religionsunterricht (vru).

Inhalt

Einführung

Von Herbert A. Gornik

„Wenn wir uns an die *Zehn Gebote* hielten, wären die Welt lebenswerter, die Verhältnisse liebenswerter, die Ehen glücklicher und die Arbeitsverhältnisse menschlicher."
Solch ein Satz klingt rührend naiv, macht verlegen und läßt uns die Achseln zucken. Er provoziert in der Regel weder frontale Ablehnung noch ungeteilte Zustimmung. Und betroffen macht er uns schon gar nicht – bei den *Zehn Geboten* steht nicht unsere Sache auf dem Spiel.
Zwar haben wir sie seit den Zeiten des Religionsunterrichts und der Vorbereitung auf Konfirmation und Firmung als aufgepfropftes schlechtes Gewissen verinnerlicht, doch jede Erinnerung verblaßt. Im alltäglichen Erwachsenenwerden sind die *Zehn Gebote* blutleer geworden, in den Niederungen des alltäglichen Lebens haben wir sie weitgehend abgestreift. Nur in den großen Konfliktfällen tauchen sie auf wie Nebelstreifen am Horizont, die mit Fingern auf uns zeigen. Die Distanz bleibt. Sind nicht auch die *Zehn Gebote* dem kulturellen Wandel unterworfen und dementsprechend alles andere als „zeitlose Wahrheiten"? Ist nicht der Geltungsbereich immer schon eingeengt worden, und überfordern sie nicht in ihrer radikalen Schlichtheit menschliches Vermögen? Läßt sich schließlich aus einem Kanon, der von Verbotenem handelt, das nun Gebotene und Erlaubte ablesen? Wissen wir, was wir tun sollen, allein schon daraus, daß wir verinnerlichen, was wir unterlassen müssen?
Solche und ähnliche Fragen und Einwände markieren den Hintergrund, wenn in diesem Buch nach den *Zehn Geboten* gefragt wird und prominente Theologen, Pädagogen und Psychoanalytiker eine Antwort versuchen.

Drei Beobachtungen nämlich bieten den Schlüssel zu einer faszinierenden Weisheit menschlichen Zusammenlebens und lassen die historische Distanz zu den *Zehn Geboten* bedeutungslos werden.

- Die erste Beobachtung besagt, daß es ein geheimes Vorwissen von Erlaubtem und Unerlaubtem quer durch alle Kulturen gibt. Die Entwürfe vom geglückten Leben ähneln einander in allen Kulturen der Welt in ihren elementaren Grundzügen aufs Verblüffendste. Die tatsächliche „Übertretung", der so oft beklagte „Wertezerfall" bzw. die „Unmoral" im privaten und gesellschaftlichen Bereich ergeben sich so gut wie überall daraus, daß ein grundsätzlich akzeptierter Wertekanon in seinem Geltungsbereich willkürlich eingeengt wird nach der Devise: „Für uns im privaten Bereich bzw. in der uns umgebenden Gruppe mag alles gelten, aber für den Umgang mit dem sogenannten Gegner muß es ein Stück weit außer Kraft gesetzt werden". Der universale Geltungsanspruch der *Zehn Gebote* wird auf eine egozentrische Gruppenmoral reduziert.
- Die zweite Beobachtung macht Ernst mit der Tatsache, daß die uns geläufigen alltäglichen Gebotsformulierungen in den ersten beiden Geboten eine Art übergeordneten Vorspann haben – „Ich bin der Herr, dein Gott." „Du sollst den Namen des Herrn nicht mißbrauchen." Eine Ansammlung von ethischen Verhaltensweisen bliebe ein schematisches Rezeptbuch, wenn die entsprechende Bewußtseinshaltung, die Lebenshaltung fehlt. Hinter den so fern und abständig anmutenden, theologisch daherkommenden ersten beiden Geboten verbirgt sich, wie die Beiträge in diesem Band auch zeigen werden, ein ungeheurer Sprengsatz. Der hier angesprochene Gott reklamiert die Herrschaft über die Welt für sich allein. Seine Macht ist exklusiv. Herrschaft unter den Menschen, die sich auf seinen Namen gründet, kann es nicht geben. Dieser Gott will keine Menschenopfer. Der Gott der ersten beiden Gebote ist ein Gott der Befreiung, er führt heraus aus Abhängigkeiten, indem er die menschlichen Spielregeln als das entlarvt, was sie sind:

Versuche des Menschen, sich die Herrschaft über die Welt verfügbar zu machen, Sackgassenversuche menschlicher Moral, die, wenn sie an Grenzen geraten, Menschen und Verhältnisse niedermachen, anstatt umzukehren und neue Wege zu beschreiten.

- In diesem Zusammenhang wird die dritte Beobachtung wichtig: Wenn wir von der gewissermaßen bürgerlichen Ausdrucksweise der Gebote absehen, von einer Form also, die sich uns im Zuge der neuzeitlichen Erziehungspraxis eingeprägt hat – „Du sollst, du sollst ...“ –, und wenn wir andererseits die in den ersten beiden Geboten angebotene Absichtserklärung Gottes als Lebenshilfe nehmen, dann weisen die *Zehn Gebote heute* in die Zukunft als Angebot eines befreiten Lebens. Eine sprachliche Umformulierung macht das deutlich: Wenn statt der Formulierungen „Du sollst nicht“ gesagt wird: „Du wirst nicht“, dann wird mit der sprachlichen Umformulierung der wahre Bedeutungsgehalt aufgedeckt. Das Geheimnis der *Zehn Gebote* liegt darin, daß sie ein Bewußtsein markieren, aus dem heraus es nicht mehr nötig ist, sich an die fremden Spielregeln einer gefallenen Welt auszuliefern. Und das ist auch die Pointe der jesuanischen Verkündigung, die den Glauben an Gott als Befreiung versteht. Wir können nach den *Zehn Geboten* leben, weil Gott das selbst ermöglicht hat. Der Verlust, den wir dabei befürchten, zeigt nur unser Ausgeliefertsein an fremde Spielregeln; doch wir gewinnen uns selbst.

In diesem Verständnis werden die *Zehn Gebote* wieder – was sie wohl immer schon waren – Ecksteine eines menschlichen Gewissens, das jeder gesellschaftlichen und privaten Wertvorstellung gegenüber kritisch bleibt, nichts auf dieser Welt für unabänderlich hält, weil es sich unterwegs weiß in ein neues Land und in eine neue Zeit, die wir nicht kennen und die noch nie jemand betreten hat, deren Umrisse aber schon heute am Horizont aufleuchten und den Weg weisen: *Die Zehn Gebote heute.*

Der Buchveröffentlichung liegt eine von März bis Mai 1985 gesendete Serie des DEUTSCHLANDFUNK in Köln zugrunde, die von der Hörerresonanz her alle bisherigen Sendereihen übertraf.
Bei der Auswahl der Autorinnen und Autoren wurde versucht, für die gegenwärtige Diskussion typische Fragestellungen zu repräsentieren und zugleich die gemeinsame Suche nach einer neuen Verbindlichkeit deutlich zu machen.
Die Sendemanuskripte wurden für den Druck nur leicht überarbeitet, um die Direktheit, Nachdrücklichkeit und auf spontanen Nachvollzug angelegte Sprache weitgehend zu erhalten.

Köln, im September 1985 Herbert A. Gornik

Das moralische Grundgesetz der Welt

Die Zehn Gebote damals und heute

Von Thilo Koch

Sind die Zehn Gebote des Alten Testaments nach dreitausend Jahren noch aktuell? Auf diese einfache Frage wurden viele komplizierte Antworten gegeben, zum Teil in umfangreichen Büchern. Der Theologe Trutz Rendtorff berichtete einmal: Ein Religionslehrer machte in seinem Unterricht folgendes Experiment. Er sagte zu seinen Schülern: Stellt euch vor, ihr lebtet jetzt auf einer Insel und solltet euer Zusammenleben einrichten. Diskutiert bitte über diese Frage. Nach einer ausführlichen Debatte der Schüler ist das Ergebnis was? Es kommt eine Reihe von grundlegenden Verhaltensformen heraus, die im Kern zum Verwechseln ähnlich sind – den Zehn Geboten. Ein überraschendes Ergebnis? Sicherlich ein Hinweis darauf, welchen Stellenwert die Zehn Gebote im Zusammenleben der Menschen besitzen.
Doch werfen wir zunächst einmal einen Blick auf die Entstehungsgeschichte, wie sie uns Bibel und Theologie vermittelt. Etwa 1200 Jahre vor Christi Geburt lebten einige Stämme der Hebräer versklavt in Ägypten. Durch allerlei wundersame Geschehnisse wurde Moses zum Führer eines dieser Stämme. Mit Weissagungen und großem taktischem Geschick gegenüber dem Pharao führte er die Hebräer zunächst südostwärts aus Ägypten heraus. Welchen Weg er ins Gelobte Land genommen hat, ist umstritten. Sicher ist, daß viele seiner Gefolgsleute die Strapazen der Flucht unerträg-

lich fanden und umkehren wollten. Moses verhieß ihnen immer wieder ein Land, in dem Milch und Honig fließen würden, das heutige Palästina. Die Israeliten fanden es nach jahrzehntelanger Wanderung in einigen fruchtbaren Tälern am Jordan. Moses selbst starb, als er das Gelobte Land gesehen hatte.
Historisch gesehen liegen die Vorgänge, die zur Bühne für den Dekalog werden, weitgehend im Dunkeln. Die Bedeutung, die das Christentum in den letzten zwei Jahrtausenden gewann, weckte aber eindringliches Interesse an den Berichten und Legenden des Alten Testaments. Jesus Christus, der Stifter des neuen Bundes mit Gott, wuchs aus dem Boden des Alten Bundes. Diesen Alten Bund schloß Moses mit Jahwe (oder Jehova) am Berge Horeb auf dem Sinai. Der Bund wurde besiegelt durch Worte Jahwes, Gebote, die Moses auf zwei steinernen Tafeln festhielt. Heute hat der moderne Tourismus den Berg Horeb im südlichen Sinai in seine Programme einbezogen; vom Katharinenkloster steigt man hinauf. Der ägyptische Präsident Anwar el-Sadat wollte sogar hier eine große historische Begegnung zwischen den drei Religionen herbeiführen: Mohammedaner, Juden und Christen sollten einander die Hand reichen, wo Gott vor dreitausend Jahren zu Moses gesprochen hatte.
Der Dekalog, die Zehn Gebote, sind ursprünglich ein Rahmengesetz für eine semitische Gesellschaft während des Übergangs von der Bronze- zur Eisenzeit – nicht mehr, nicht weniger. Dieses Gesetzeswerk beschreibt die Bundesverpflichtungen, wie Moses sie einging.
Friedrich Nietzsche war der Meinung, der Dekalog passe nur für „Zeitalter der unterworfenen Vernunft“. „Ohne Gründe hingestellt“ seien die Gebote eher schädlich. Auch mancher Theologe sieht in ihnen keineswegs „den Inbegriff des Sittlichen“, sondern eher Grenzpfähle, in denen je nach den historischen und soziologischen Gegebenheiten sehr verschiedene Moralgesetze Platz haben.

Bei der Beurteilung der Zehn Gebote stehen sich im wesentlichen drei Denkschulen gegenüber. Sie unterscheiden sich sofort und deutlich in ihrer Einstellung zum Ersten Gebot: *Ich bin der Herr, dein Gott. Du sollst keine anderen Götter haben neben mir.*

Eine orthodoxe und fromme Schule sieht im Dekalog das „Grundgesetz der Welt“, das diese Welt zusammenhält und bis an ihr Ende gelten werde. Es sei unbezweifelbar direkt von Gott ergangen und habe absolute Bedeutung auch heute und für jedermann. Eine aufgeklärte „christliche“ Schule will den Dekalog entmythologisieren, betont seine Doppelfunktion als Wort Gottes und als zeitgebundenes Moralgesetz, unterstreicht vor allem aber die Erneuerung und Wandlung des geistigen Gehalts der Gebote, des Gottes- und Menschenbildes im Dekalog durch Jesus Christus. Die kritische oder weltliche Schule läßt den Dekalog als historisches Dokument gelten, das Moses zugeschrieben wird, aber wohl erst später in der heutigen Fassung redigiert worden sei. Diese Schule erkennt den Zehn Geboten vom Sinai eine über den historischen Wirkungsbereich hinausgehende ethische Verbindlichkeit nicht zu und bezeichnet sie als Manifest einer despotisch-willkürlichen, angemaßt autoritären, patriarchalischen und repressiven Ideologie für eine archaische Gesellschaft unmündiger oder entmündigter Menschen.

Die Grenzen zwischen diesen drei Interpretationsschulen sind natürlich fließend. Die Diskussion über die Bedeutung der Zehn Gebote heute schwankt oftmals zwischen ihnen hin und her und verteilt die Argumente unterschiedlich.

Der Anspruch des Ersten Gebots *Du sollst keine anderen Götter haben neben mir* provoziert zwangsläufig eine Diskussion über diese anderen Götter, über „Götzen“: Luther nannte diese Abgötter „die falschen Götter“. In den zwanziger, dreißiger Jahren unseres Jahrhunderts war für viele europäische Intellektuelle der dialektische Materialismus zu einem Götzen geworden. „Ein Gott, der keiner war“, lautete der Titel einer Bekenntnisschrift ehemaliger Kommunisten, die sich aus Abscheu vor den Greueln des Stalinismus von ihrem marxistischen Credo abgewandt hatten. Zum Gegengötzen wurde der Führerkult des Faschismus. Hitler berief sich gern auf „den Allmächtigen“ oder auf „die Vorsehung“. Er versuchte damit, ohne das Wort Gott direkt auszusprechen, seine Absichten und seine Taten „christlich“ oder doch „alttestamentarisch“ zu legitimieren. Die Kreuzzüge des Mittelalters wurden schlicht so begründet: „Gott will es.“ „Gott mit uns“, riefen die christlichen Armeen vieler Schlachten, vieler Parteien und Völker während vieler Jahrhunderte des „christlichen Abendlandes“. Zehntausende von unschuldigen Frauen erlitten den qualvollen Tod des Verbrennens bei lebendigem Leibe als „Hexen“, verurteilt von der „heiligen Inquisition“ einer pervertierten Kirche – im Namen Gottes.

Die Liste möglicher Götzen, falscher Abgötter, ist lang, ja, sie ist im Prinzip unbegrenzt. Neben politischen Götzen gibt es private und harmlose: Stars von Bühne, Film und Fernsehen beispielsweise. Astrologie und Okkultismus beanspruchen von ihren Anhängern bedingungslosen Glauben; Rauschgift und Sex nehmen für manchen Zeitgenossen „Gottes leerstehenden Thron“ ein. Auch abstrakte Begriffe können vergötzt werden: Macht, Erfolg, Leistung, Konsum, selbst Wissenschaft.

Wäre dies nur deshalb zu verurteilen, weil Jahwe einen totalitären Kult zu Ehren seiner monotheistischen Einzigartigkeit forderte? Kann uns nur dieser Gott helfen, Götzen als falsche Götter zu erkennen und ihnen abzuschwören? Ist dieser „Ich-bin-der-Herr-dein-Gott“ so über alle Kritik erhaben? Muß nicht überhaupt gefragt werden, wie es zu dem Mißbrauch des Gottesnamens kommen konnte? Liegt das womöglich am Totalitätsanspruch des Ersten Gebots? Ein Gott, der so allgewaltig spricht und so vollkommene Unterwerfung fordert – legt er nicht selbst den Keim zu seiner willkürlichen Verfremdung? Wenn Gott so allmächtig ist, wie er im Ersten Gebot erklärt, warum kann er dann nicht selbst dafür sorgen, daß das Zweite Gebot gar nicht nötig wäre: *Du sollst den Namen des Herrn, deines Gottes, nicht*

mißbrauchen; denn der Herr wird den nicht ungestraft lassen, der seinen Namen mißbraucht?
Moses hatte, bevor er sein Volk zum Auszug aus Ägypten bewog und in die Wüste trieb, ein Schlüsselerlebnis. Es wird darüber im Alten Testament berichtet:
Der Engel des Herrn erschien ihm in einer feurigen Flamme aus dem Dornbusch. Da die Flamme den Dornbusch nicht verbrannte, trat Moses neugierig näher. Gott rief ihn an und verkündete, daß er sein Volk aus Ägypten herausführen wolle und daß Moses als sein Beauftragter zum Pharao gehen solle. Moses fragte, was er denn sagen solle zu den Kindern Israels und zum Pharao, wenn er gefragt werde, was für einen Namen dieser Gott habe, dem er da vorm Dornbusch begegnet sei. Die Antwort aus dem Dornbusch klingt schön, aber anscheinend absurd. Gott offenbart seinen Namen als „Jahwe". „Jahwe" bedeutet: „Ich bin, der ich bin." „Ich werde sein, der ich sein werde." „Ich bin, der ich sein werde."
Martin Buber, der große jüdische Religionsphilosoph, meint, diese Offenbarung besage: Ich bin hier, und das bedeute: ich bin unter euch, immer bei euch. Dies wäre dann die Brücke zu dem neuen vertrauensvollen Namen, den Jesus Gott gibt: Vater. Der Weg wäre offen zum „Vaterunser" des Neuen Testaments.
Kann der Mensch Gott an sich binden, sich Gott verfügbar machen, wenn er seinen Namen kennt? Der Gott des Dekalogs liebt das geheimnisvolle Dunkel. Das bewahrt ihm eine unberechenbare Kraft. In diesem Dunkel können sich aber auch „Machtergreifungen" vollziehen, die den biblischen Gott aushöhlen, mit anderem Inhalt füllen und alles, was er eigentlich will, auf den Kopf stellen – in seinem Namen. Hier knüpft der „Projektionsverdacht" Feuerbachs und nach ihm der von Marx an: der Mensch projiziere seine jeweiligen Interessen an einen Himmel und nenne das dann Religion. Gott wäre nur noch eine Ausrede für Ideologie. Gott ist in ständiger Gefahr, zur Leerformel zu werden, die für Manipulationen offensteht.

Ein läßlicher Mißbrauch ist die Trivialisierung des Namens Gottes: „Grüß Gott“, „Gottseidank“, „um Gotteswillen“. Selbst der Fluch „Gott-verdamm-mich“ ist kein so schwerer Verstoß gegen die Gebote wie jene Projektionen von Cäsaren und Führern, die seinen Namen am schlimmsten mißbrauchen, indem sie sich selbst zum „Gott“ machen.
Goethe sagte 1819 zu Eckermann: „Alle Gesetze und Sittenregeln lassen sich auf eines zurückführen: Wahrheit.“ Hier gibt Goethe, vielleicht ohne es zu wollen, dem Achten Gebot eine zentrale Bedeutung: *Du sollst nicht falsch Zeugnis reden wider deinen Nächsten.* Ist dieses Achte Gebot also vielleicht der Urquell und Brennpunkt aller Gebote? Jedenfalls hat Jesus später gesagt: Ich bin die Wahrheit und das Leben. Er stellte die Wahrheit also sogar dem Leben voran. Und wenn wir bedenken, daß das Achte Gebot ausdrücklich an unseren Nächsten geknüpft ist – *Du sollst nicht falsch Zeugnis reden wider deinen Nächsten* —, dann rückt hier Moses noch näher an Christus heran: Falsches Zeugnis reden wäre ein Verstoß gegen das oberste christliche Gebot, das Gebot der Nächstenliebe. Gegen dieses Gebot Jesu verstößt auch, wer das Neunte und Zehnte Gebot Mose mißachtet, in denen die Begehrlichkeit auf das Eigentum des anderen untersagt wird.
Die ethische Unsicherheit des Volkes, das Moses aus der Sklaverei in Ägypten ins Gelobte Land führt, wird in vielen Geschichten des Alten Testaments deutlich – am sinnfälligsten wohl beim Tanz um das Goldene Kalb. Kaum hat Moses den Rücken gekehrt, um noch einmal auf dem Berge Horeb die Zwiesprache mit seinem Gott zu suchen, fällt das Volk von seinem Gott ab und betet ein Götzenbild an. Dieses Goldene Kalb ist Symbol für den dummen Glanz, von dem sich irregeführte Begehrlichkeit blenden läßt.
In welcher Welt gigantischer Ungerechtigkeiten begegnet uns dieses Gebot: *Du sollst nicht begehren deines Nächsten Besitz*! Sinnlose Verschwendung hier – unausweichlicher Hungertod da; Besitzverhältnisse allenthalben, die die Menschenrechte geradezu verhöhnen. Kein Menschenleben

vergeht, ohne daß sich darin unzählige Verstöße gegen das Zehnte Gebot ereignen. Wir kommen nackt und arm auf die Welt, und wir verlassen sie ebenso. Die Jahre dazwischen gehören dem großen Wechselspiel von Erwerben und Verlieren.

Das Neunte und Zehnte Gebot ergänzen und spezifizieren das Siebte Gebot *Du sollst nicht stehlen* und auch das Sechste Gebot *Du sollst nicht ehebrechen*. Die doppelte Aktualität – Eigentumsproblem, Umverteilungskämpfe und sexuelle Revolution – ist unverkennbar. Gilt das nicht mindestens so sehr auch für das Fünfte Gebot *Du sollst nicht töten*?

Moses, der Führer eines Volkes, das auf der Flucht vor seinen Unterdrückern durch die Wüste der Sinai-Halbinsel irrt, braucht ein solches Gesetz zunächst als Grundpfeiler von „law and order“ in den eigenen Reihen. Das Tötungsverbot bezog sich keinesfalls auf Feinde, und die Israeliten erschlagen ja später im Kampf ums Dasein auch rücksichtslos alles, was sich ihnen in den Weg stellt. Der Gesetzgeber vom Sinai scheut vor Vertreibung, ja Völkermord nicht zurück. Jedenfalls ist Jahwe alles andere als ein Pazifist und Friedensforscher. Er bejaht die „große Säuberung“ des Moses nach dem Tanz ums Goldene Kalb; er bejaht Krieg und Landraub; er ist nicht zimperlich, wo es um seine Interessen geht, die er natürlich gerecht nennt und sogar heilig.

Die Idee der Menschenrechte, wie sie von den Wegbereitern der Französischen Revolution über die Charta der Vereinten Nationen bis zu den Interpreten des Grundgesetzes der Bundesrepublik Deutschland ein tragendes Element der konkreten Befreiung des Menschen aus seiner selbstverschuldeten Unmündigkeit ist, ist die Umkehrung des negativen „Du sollst nicht töten“ ins Positive: Du sollst menschenwürdige Lebensbedingungen schaffen für alle Erdenbürger.

Menschenwürdig? Was ist das? Jesus Christus am Kreuz? „Mein Gott, warum hast du mich verlassen?“

Es ist dies das erschütterndste Wort der gesamten Bibel. Da hing er, Gottes Sohn, ein geschundener Mensch, durchlitt die entsetzliche Folter der römischen Todesstrafe. Und sein eigener Vater, der allmächtige Gott, ließ das zu? Ein sadistischer Vater – ein Gott? Wenn ja, ein furchtbarer Gott, ein ungerechter, ein schrecklicher Gott! Kann angesichts eines solchen Umgangs Gottvaters mit seinem Sohn ein fühlender, denkender Mensch überhaupt noch gutheißen, daß dieser Gott ihn nach seinem Bilde erschaffen habe? Nun, wer das Erste Gebot, wie es Moses wiedergibt oder selbst formuliert hat, nicht akzeptieren kann, dem bleibt dennoch der Weg offen zu Christus.

Für den Christen tritt das Wort vom Sinai zurück hinter der Bergpredigt. Das alte Gesetz kann für das christliche Verständnis nur im Lichte des größeren und umfassenderen Gebots Jesu gesehen werden: Liebe zu Gott ist Liebe zum Nächsten.

Für Christen wie für Juden sind die Gebote Gottes Wort. Das hat Christus bezeugt. Also sind sie für den Christen auch Glaubensinhalte. Wichtiger jedoch ist, wie Jesus die Gebote zu einer sittlichen Verpflichtung des einzelnen macht, wie er sie personalisiert, wie er sie verinnerlicht, menschlich macht, wie er den Dialog Gott – Mensch freilegt. Vor allem im „Vaterunser“, wo wir Gott bitten, uns unsere Schuld zu vergeben, wie wir vergeben unseren Schuldigern, zeigt sich der überzeugendste Einstieg in die christliche Denkweise jenseits oder diesseits von Moses: „Richtet nicht, auf daß ihr nicht gerichtet werdet.“ Und nimmt man hinzu, daß Jesus sagt: „Seid fröhlich und getrost“, dann ist das drohende Grollen vom Sinai weitgehend verhallt. Die Verheißung ist da durch das Gebot zur Liebe, das weit über das Tötungsverbot des Fünften Gebots hinausgreift durch die Aufforderung, sogar unsere Feinde zu lieben.

Darf man also sagen, daß in der Lehre Jesu der Dekalog aufgehoben wurde, im Sinne Hegels zugleich bewahrt und auf einer neuen Ebene wirksam? Oder tut man Moses damit Unrecht? Haben die Zehn Gebote nicht ihre eigene Evidenz, die über alle Zeitbedingtheit hinaus gültig ist? Ergibt sich nicht schon vom Alten Testament her das Liebesgebot als

Klammer um alle Einzelgebote? Jedenfalls wäre es für den Christen unvollständig, ja irreführend, nach dem Gegenwartsbezug von Ex 20,1 – 17 – hier sind die Zehn Gebote formuliert – zu fragen, ohne an Mt 5 – 7, die Bergpredigt, zu denken. Hier ist erst ganz da, was über alle Moralgesetze weit hinausreicht und was im Grunde etwas total anderes ist: Trost, Sanftmut, Gerechtigkeit, Barmherzigkeit, Frieden – in der Reihenfolge dessen, was man die Seligpreisungen genannt hat.
Brauchen wir dazu einen Gott und den Tod am Kreuz? Das Toleranzgebot der Humanisten fordert und deckt doch all diese Tugenden auch. Friedensforschung will sie, braucht sie. Die Charta der Vereinten Nationen kommt ebensowenig ohne sie aus wie das Bürgerliche Gesetzbuch der Bundesrepublik Deutschland.
Dies zeigt: Es gibt den Weg einer vernunftorientierten Auseinandersetzung mit dem ethischen Hintergrund und der moralischen Substanz des Dekalogs. Form und Inhalt gerade des Ersten Gebots können dabei durchaus zur unüberwindlichen Schwelle an der Türe zum Dekalog werden. Wer indessen bereit ist, durch diese Tür zu gehen, der wird zumindest mannigfaltige Denkanstöße und eine hintergründige Aktualität der Zehn Gebote entdecken.

Was gehen uns also die steinernen Gesetzestafeln, die dreitausend Jahre alt sind, wenn es sie überhaupt gegeben hat, heute noch an? Für viele ist sicherlich dieses zehnfache „Du sollst" oder „Du sollst nicht" kein Gebot der Stunde. Du sollst nicht töten, Du sollst nicht ehebrechen – die Geschichte der Menschheit ist angefüllt von Mord und Aggression, Verrat, Ausbeutung und Eifersucht. Aber auch das Gegenteil ereignete sich stets und auch heute. Tagtäglich gibt es Nächstenliebe, Friedenshoffnung, Treue, Fairneß, Zuneigung.
Zu den Zehn Geboten des Moses gehört das eine große Gebot, man hat es auch das Elfte Gebot genannt, des Jesus Christus von Nazareth, das Gebot der Nächstenliebe. Trotz

aller alttestamentarischer Härte ist es im Keim auch schon im Dekalog angelegt. Beides zusammengenommen, der Dekalog und Jesus Christus, berechtigen zu der Ansicht, daß noch immer für einen großen Teil der Menschheit die Zehn Gebote des Sinai und was auf sie folgte sind, was man genannt hat: das moralische Grundgesetz der Welt.

Ich bin der Herr, dein Gott
Das Erste und Zweite Gebot

Von Luise Schottroff

„Niemand hat jemals Gott gesehen“, und doch hat Gott ein Gesicht. Im Ersten Gebot Gottes in der Hebräischen Bibel heißt es: „Du sollst dir kein Gottesbild machen“, keine Götterstatue, wie man sie von anderen Göttern kennt in Tier- oder Menschengestalt. Aber natürlich habe ich – haben die meisten Menschen – ein Bild mit Kopf, ein Bild vor Augen, wenn sie „Gott“ sagen. Das Gesicht Gottes kann grauenvoll sein, das Gesicht eines alternden Mannes, das vor allem aus Augen besteht, den Augen, die alles sehen, was das Kind im Verborgenen tut. Wie grauenhaft, eine grauenhafte Pädagogik, ein grauenhafter Gott! Das Gesicht Gottes kann die Züge einer Bauersfrau aus der Mark Brandenburg haben, faltig, gütig – entschlossen, Kinder und Mann gegen Armut und Krieg zu verteidigen, wie es schon die Mutter und die Großmutter und die Urgroßmutter taten. Ein Gesicht, das die Kartoffelfelder spiegelt, auf denen diese Frauen arbeiteten. Für mich hat Gott ein Gesicht wie eine alte Frau aus meiner Kinderzeit. Im Dorf nannte man sie Peschkes Mutter. Sie hatte ein uneheliches Kind von der adligen Herrschaft, heiratete einen verwitweten Schmied, zog ihr Kind und die Kinder ihres Mannes groß. Später, als diese Kinder erwachsen waren, nahm sie ein Adoptivkind nach dem anderen an. Sie war faltig, runzlig im Gesicht, nicht besonders weiblich, es war das Gesicht eines hart arbeitenden Menschen. Gott hat ein Gesicht, und das ist gut so. Wir müssen nur scharf hinsehen, was es für ein Gesicht ist, wo unser Gottesbild herkommt.

Die Juden vor vielen tausend Jahren haben sich keine Gottesstatuen gemacht, aber ihr Gott hatte auch ein Gesicht, das Gesicht des Befreiers aus der Sklaverei. Die Zehn Gebote beginnen in der Hebräischen Bibel feierlich und anspruchsvoll: *Ich bin der Herr, dein Gott, der ich dich aus dem Lande Ägypten, aus dem Sklavenhause, herausgeführt habe; du sollst keine anderen Götter neben mir haben.* Urgeschichte des kleinen Volkes der Juden: Sie waren Sklaven im damaligen Großreich der Ägypter und hatten alle furchtbare Erfahrungen der Sklaverei gemacht, die auch heute noch in unserer Welt existieren: harte Arbeit ohne ausreichendes Essen. Die Juden in Ägypten mußten Ziegel brennen: *Da zwangen die Ägypter die Israeliten zum Sklavendienst und machten ihnen das Leben sauer mit harter Arbeit in Lehm und Ziegeln und mit allerlei Arbeit auf dem Felde, lauter Arbeiten, zu denen man sie mit Gewalt anhielt* (Ex 1,14). Urgeschichte Israels – immer wieder erzählt von den Alten im Zelt, am Lagerfeuer: Gott, unser Gott, hat uns aus Ägypten, aus dem Sklavenhause, befreit. Er hat uns aus der Hand der Ägypter mit ihrem gewaltigen militärischen Apparat gerettet. Gott hat uns befreit. Darum klingen die Sätze des Ersten Gebots so massiv und anspruchsvoll. In wenige Worte soll zusammengedrängt werden, was das Herz der ganzen Religion ist: Befreiungserfahrung und absoluter Anspruch Gottes. Dieser Gott hatte ein Gesicht, vor dem der König von Ägypten, ein Weltherrscher der damaligen Zeit, gezittert hatte, und das Gesicht der Wolke, unter der sich das kleine Volk auf der Flucht durch die Wüste verkrochen hatte.

Heute ist oft in Vergessenheit geraten, daß dieser Gott ein Gott der Befreiung ist. Man erinnert sich nur an den Absolutheitsanspruch. Aber das Gesicht Gottes, des Vaters, des Herrn mit absolutem Anspruch ist vielen Menschen unerträglich geworden. Es gibt gute Gründe, an diesem Bild zu zweifeln, zu verzweifeln, denn dieser Gott bezieht sein Gesicht nicht aus der Befreiungsgeschichte, sondern aus der Unterdrückung.

Viele Frauen in den Kirchen wollen das Erste Gebot nicht mehr hören. Sie ertragen den absolutistischen Anspruch nicht mehr. *Ich bin der Herr, dein Gott.* Für sie sind diese Worte Herzstücke einer patriarchalen Männerreligion. Viele Generationen von christlichen Männern haben sich ihren Frauen gegenüber so benommen: *Ich bin der Herr, dein Gott; du sollst keine anderen Götter neben mir haben.* Die Männer arbeiten, regieren, müssen gepflegt und bedient werden. Die Frauen bedienen und erkennen im Gott von Juden und Christen nur noch das Herrengesicht. Angeblich voller Güte, vor allem aber voller Anspruch. Wehe du machst selbständige Schritte in mehr Unabhängigkeit, dann ist es aus mit der Güte, jedenfalls mit der Güte dieses Männergottes!

Von Gott wissen die am meisten, die an seiner Allmacht zweifeln, die an ihm verzweifelt sind. Denn so taucht hinter den Entstellungen seines Gesichtes sein wahres Gesicht auf. Ich habe ein Frauengedicht gelesen, unter amerikanischen Christinnen bei einer Tagung entstanden, bei Frauen, die das traditionelle Gottesbild intensiver in Frage stellen, als es hier bisher üblich ist. Dieses Gedicht drückt aus der Perspektive einer Mutter und ihrer Tochter, die unter den Männern, Vätern und Herren dieser Welt leiden, Verzweiflung über Gott aus. Und das wahre Gesicht Gottes taucht in ihm auf.

Meine Mutter Maria war in vielerlei Hinsicht
    wie die ursprüngliche Maria.
Als sie gerade ein kleines Mädchen war,
    ließ sie es über sich ergehen,
    von ihrem Vater vergewaltigt zu werden.
Als sie verheiratet war,
    ließ sie es über sich ergehen,
    von meinem Vater geschlagen zu werden.
Als sie emotionale Probleme hatte,
    ließ sie die Schockbehandlung ihres Psychiaters
    über sich ergehen.

Als sie physisch krank war,
  ließ sie die Behandlung ihres Arztes
  über sich ergehen.
Nun ist sie tot – Ich hoffe, Gott ist kein Vater.
...

Maria starb im Jahre 1979, als sie 70 war.
Ich hielt ihre Hand und erzählte ihr,
  daß sie frei sein würde,
  wenn sie aufhören würde,
  die Luft unseres Vaters zu atmen.
Ihr letzter Atemzug war ein langes Keuchen –
  gefolgt von einem Ausdruck des Friedens.
Die Art, wie sie geschaut hatte, als sie mich wiegte.
Nun weiß sie, daß ihr Herz nicht lügt.
Sie ist unseren Vätern entkommen.
Bitte, Gott, laß es wahr sein[1].

Nicht alle Männer schlagen ihre Frauen, darum geht es hier auch nicht. Aber in den Schlägen der Männer, die ihre Frauen schlagen, schlägt der sogenannte Gott zu: der Gott der Ordnung, der Unterordnung, der Gott, der Waffen segnet und angeblich mit Atomraketen verteidigt werden muß. In diesem Gedicht taucht hinter dem Gewaltgott, dem Herrengott, auch der wahre Gott auf. Das Gesicht der sterbenden alten Frau sieht so aus wie das der jungen Mutter, als sie ihr Kind gewiegt hatte. Ihr Leben lang hatte ihr Herz Frieden geben wollen und sich nach Frieden gesehnt. „Nun weiß sie, daß ihr Herz nicht lügt." Das Stoßgebet der Tochter hält Gottes Hand fest, und sie verbündet sich mit ihm gegen die Götter und Herren, die das Leben der Mutter beschädigt haben. „Bitte, Gott, laß es wahr sein."
Von Gott wissen die am meisten, die an seiner Allmacht zweifeln und verzweifeln. Wir leben mit den deutlichen Beweisen der Nichtexistenz des angeblich allmächtigen Gottes. Kann es deutlichere Beweise für dieses Gottes Nichtexistenz geben als den Tod? Ich meine nicht den Tod des Menschen

nach einem langen Leben. Ich meine den Tod der Kinder und den Tod der ermordeten Völker. Auschwitz hat bewiesen, daß der allmächtige Gott nicht existiert. Millionen europäischer Juden sind von uns Deutschen bestialisch erniedrigt und ermordet worden. Dies war nicht Gottes Werk, sondern unser Werk. Die deutsche Bürokratie war vorher und währenddessen und nachher immer dieselbe, immer ordentlich und perfekt, als müßte alles so sein. Die Aufsichtsbeamten haben durch kleine Sicherheitsglasfenster in die Gaskammern geguckt, ob der Tod auch seine Ordnung hatte.

Wo ich lebe, gibt es eine Tiefgarage, die als atombombensicherer Bunker gebaut ist. Da gibt es eine Schleusenkammer zwischen dem Bunkerinneren und der eigentlichen Außentür. In diesem Vorraum soll wohl festgestellt werden, ob die Menschen, die noch hereinwollen, schon verseucht sind. Von innen gibt es da wieder so ein kleines Sicherheitsglasfenster, durch das die Aufsichtsbeamten sich einen Eindruck von der Lage machen und selektieren können.

Der Beweis der Nichtexistenz des allmächtigen Gottes ist Alltagserfahrung. Wir leben in einer Welt, in der die Vergiftung einer Stadt durch Giftgas niemanden mehr wundert. Dies alles ist Menschenwerk, nicht Werk des angeblich allmächtigen Gottes. Menschenwerk und Götzendienst vor den falschen Göttern: dem Gott der militärischen Sicherheit, des Wohlstandes, des Wachstums, des Profits. Allmächtig ist Gott nicht, eher ist die kollektive Gewalt von Menschen gegen Menschen Ausdruck eines brutalen Allmachtswahns, Verehrung der Macht der Götzen, denen wir ausgeliefert sind und denen wir dienen. Das Erste Gebot behauptet nicht die Allmacht Gottes, Gott fordert in ihm nur die Entscheidung gegen die Götzen: *Ich bin der Herr, dein Gott, du sollst keine anderen Götter neben mir haben.*

Der Gott der Bibel wird von seinen Anhängern oft um sein wahres Gesicht gebracht. Seine Eigenart ist nicht die Allmacht, das Kleinmachen; seine Eigenart ist seine Parteilichkeit und Verletzbarkeit. Wie ein roter Faden zieht sich durch die Bibel das Loblied der Frauen auf den parteilichen Gott. Hanna hat gesungen: *Mein Herz ist fröhlich in dem Herrn ... Er richtet den Elenden auf aus dem Staube, aus dem Dreck erhebt er den Armen, daß er sie setze neben die Fürsten und ihnen den Ehrenthron gebe.* Und viele hundert Jahre später setzt Maria, die Mutter Jesu, das Lied der Hanna fort: *Meine Seele erhebt den Herrn ... Er hat die Gewaltigen von den Thronen gestürzt und die Niedrigen erhöht. Die Hungrigen hat er mit Gütern angefüllt, und die Reichen hat er leer weggeschickt.*

Dieser Gott läßt sich nicht von Königen feiern, sondern von den Lobliedern armer Frauen, die Gottes Befreiung am eigenen Leibe gespürt haben. Dieser Gott hat sich nicht mit den Helden, Kriegsgenerälen und Heroen der Geschichte verbündet, sondern mit denen, die von den Herren dieser Welt übersehen werden, mit denen, die eigentlich überflüssig sind: unfruchtbare Frauen wie Hanna, eine hungrige Landarbeiterin in Galiläa wie Maria. Ich will das Lob dieses Gottes singen: wo sonst als in der Bibel finde ich die Geschichte der Befreiung der kleinen Leute, der Frauen, der Hungernden, der Kinder, der Dirnen, der Gelähmten, der Blinden, der Verfolgten, der Zöllner und Sünder, der Gottlosen, der Verachteten, derer, die „Nichts" sind: überflüssig, störend, Folgen einer falschen Bevölkerungspolitik. Mit ihnen hat sich dieser Gott verbündet. Er hat sogar gesagt, das Gesicht dieser Elenden sei sein Gesicht. Sein Sohn hat das härteste Schicksal der Menschen geteilt, er ist am Kreuz den Auschwitztod der Antike gestorben.

Noch einmal kommt der Zweifel, nun noch härter: heute gibt es mehr an Hunger Sterbende als jemals in der Geschichte. Wie kann ich da sagen, Gott sei der Befreier derer, die in unserer Welt für überflüssig gehalten werden? Daß er nicht allmächtig ist, das ist zu sehen. Aber wo finde ich sein Gesicht, wo finden wir seine Hand, die die Niedrigen erhebt? Die Verwandlung von Menschen durch Gottes Hand

hinterläßt nur zarte Spuren: ein Ingenieur beginnt sich zu fragen, ob er noch in dem Rüstungsgeschäft widerspruchslos sein Geld verdienen will. Eine Ärztin versucht die Frequenz ihrer Praxis zu senken, um mehr Zeit für die Menschen zu haben, auch wenn sie etwas weniger verdient. Meine Nachbarin lädt immer sonntags am Mittag alle Bekannten und Zufallsbekannten ihrer Tochter ein, die ein Talent hat, einsame junge Menschen wahrzunehmen und anzusprechen. Der Kaffeeklatsch bei meiner Nachbarin Sonntag mittags beendet für viele die einsame Anonymität unserer Städte.
Die Verwandlung von Menschen durch Gottes Hand hinterläßt nur zarte Spuren. Es ist viel verlangt, wenn man sich auf diese zarten Lebenszeichen Gottes konzentrieren soll, während doch die Welt, in der wir leben, nach einem gigantischen Gott schreit. Ein Gott müßte fähig sein, mit einem Schlage die Ungerechtigkeit zu beenden, daß einige Völker im Überfluß leben und andere verhungern. Mit einem Schlage müßte Gott alle Atombomben aus der Welt schaffen. Die gigantischen Ausmaße menschlicher Möglichkeiten heute verlangen nach einem Gott, der den Menschen einen Rahmen steckt, der Einhalt gebietet, wenn menschliche Erfindungen immer einschneidender die Welt zerstören, Menschen über Menschen in Megatoten verfügen. Ich wollte es erst nicht glauben, als mir ein Ingenieurstudent erzählte, daß der Professor die Aufgabe gestellt hatte zu errechnen, wieviel Megatote in welcher Zeit sterben bei einer Atombombenexplosion unter bestimmten Bedingungen. Das lernt ein Student im ersten Semester an einer unserer Universitäten. Diesem Jungen wurde angst und bange, aber warum nur ihm? Gott müßte vom Himmel her dreinfahren und uns Menschen vor uns selber retten.
Gottes Gesicht ist das Gesicht seines sterbenden Sohnes, der das Schicksal der Opfer geteilt hat. Gottes Gesicht erkennen wir, wenn wir anfangen, nach seinen Lebenszeichen um uns herum zu suchen. Die Lebenszeichen Gottes sind Menschen, nur Menschen, schwache Menschen, zerbrechliche Menschen, die doch zur Liebe begabt sind, deren Kraft aus-

reicht, die Resignation zu überwinden. Es ist verführerisch, auf den allmächtigen Gott zu warten, der der Menschengewalt Einhalt gebietet. Aber aus der Bibel lernen wir, daß wir Gott ganz woanders suchen müssen: bei denen, die Unrecht leiden, und bei denen, die Unrecht verhindern. Das Erste Gebot Gottes verlangt Bescheidenheit bei der Suche nach Gottes Lebenszeichen.

Ich bin der Herr, dein Gott, der ich dich aus ... dem Sklavenhause herausgeführt habe. Das ist ein Versprechen Gottes, nicht eine donnernde Regierungsproklamation. Gott hat dem kleinen Volk der Juden damals versprochen, sein Gott zu sein, es zu begleiten und zu beschützen. Dieses Versprechen gilt immer noch allen Menschen, die sich auf seine Seite schlagen wollen. Sie lernen seine Lebenszeichen zu erkennen, die Menschen, die gegen das Unrecht, den Krieg und die Gewalt kämpfen, als Gottesbeweise zu verstehen. Darum hat Gott für mich das Gesicht von Peschkes Mutter aus der Mark Brandenburg. Sie hat für Menschen gekämpft, ihre vielen Kinder und den Mann. Solange es solche Menschen gibt, finde ich Gottesbeweise in unserer Welt. Das Versprechen Gottes gilt immer noch.
Du sollst keine anderen Götter neben mir haben – bei diesem Anspruch geht es nicht um den Anspruch des absolutistischen Männergottes und auch nicht um den Theaterdonner des großen, gewaltigen Allmächtigen, der dem Menschenunrecht eine Grenze setzt, es geht um die Entschiedenheit der Abkehr von den Götzen. Die Götzen Geld und Gewalt regieren unseren Alltag. Gottes Versprechen gilt allen, die die Spuren Gottes erkennen, sein Gesicht unter den Menschen finden und sich getröstet aufrichten und zu Unrecht nicht mehr schweigen. Man muß nur auf der richtigen Seite der Menschheit nach Gott suchen: bei den Kleinen, den Opfern, denen, die Angst haben, und denen, die die Angst überwinden, um für das Leben der Kinder zu kämpfen.
Der Gott der Hebräischen Bibel ist ein verletzbarer Gott,

der sich verletzbar gemacht hat, aber ist er nicht ein Gott, der jedem zu Diensten ist, ein Gott, der allen wohl und niemand weh will? Das Zweite Gebot lautet: *Du sollst den Namen des Herrn, deines Gottes, nicht zum Unheil gebrauchen, denn der Herr wird den nicht ungestraft lassen, der seinen Namen mißbraucht.*

Wer seinen Namen mißbraucht, wird von Gottes Strafe getroffen werden. Wer aus Gott eine Verlängerung der eigenen Arme macht, um andere klein zu machen, der wird von Gottes Zorn getroffen. Gott ist ein barmherziger Gott, aber auch ein Gott, der richtet, die Menschen nach ihren Taten richtet. Mißbrauch des Gottesnamens – das konnte damals heißen, mit Hilfe von Gotteszauber dem Nachbarn die Ernte verderben. Heute kann es heißen, z. B. mit Gott andere Menschen auszuschließen und auszugrenzen. Ein schlimmer Mißbrauch des Gottesnamens ist es nämlich zu sagen, wer an Gott nicht glaubt, weil es ihm zu Recht schwerfällt, sich irgendein jenseitiges Wesen vorzustellen, der sei kein Christ, sei gottlos. Ein noch schlimmerer Mißbrauch des Gottesnamens ist es zu sagen, wer an diesen Gott nicht glaubt, den müssen wir mit Waffen besiegen. Dieser Mißbrauch des Gottesnamens spielt bei der immer weiter sich hochdrehenden Rüstungsspirale eine große Rolle.

Den richtigen Gebrauch des Gottesnamens kann man von Maria lernen. *Meine Seele erhebt den Herrn ... Er hat die Gewaltigen von den Thronen gestürzt und die Niedrigen erhöht. Die Hungrigen hat er mit Gütern angefüllt, und die Reichen hat er leer weggeschickt.* Er hat sich an sein Erbarmen erinnert, wie er geredet hat zu unseren Vätern und Müttern. Gott will unser Vater und unsere Mutter sein.

[1] Aus E. Schüssler-Fiorenza, Für Frauen in Männerwelten. Eine kritische feministische Befreiungstheologie, in: Concilium 20, 1984, 35.

Den Feiertag heiligen
Das Dritte Gebot

Von Jürgen Ebach

Du sollst den Feiertag heiligen! So lautet die Fassung des Dritten Gebots im Kleinen Katechismus Martin Luthers. Wie bei den anderen Geboten folgt Luthers kurze Erklärung: „Wir sollen Gott fürchten und lieben, daß wir die Predigt und sein Wort nicht verachten, sondern dasselbige heilig halten, gerne hören und lernen."
Vielen sind die Worte des Gebots und auch die der Katechismuserklärung vertraut. Doch das Vertraute kommt von weit her. Bilder einer Welt tauchen auf, in der Feiertag und Gottesdienst zusammengehören: Glockenläuten, Männer und Frauen, die im Sonntagsstaat in Gruppen vor der Kirche zusammen stehen, Männer nach dem Kirchgang beim Frühschoppen, Gespräche über die große und die kleine Politik, Kinder in der Sonntagskleidung (nur nicht schmutzig machen!), dann der Sonntagsbraten, der Nachmittagsspaziergang, Abendläuten.
Nun sollten wir bei solchen Bildern nicht vergessen, daß dieser Sonntag kaum je für eine Mehrheit der Bevölkerung Realität war. Der Sonntag eines Arbeiters im 19. Jahrhundert sah in der Regel ganz anders aus und der Sonntag einer Magd auf dem Lande auch. Und doch sind es solche Bilder, die für uns und unsere Erinnerung die Sonntagsruhe bezeichnen, auch wenn jedenfalls ein Großstadtbewohner diese Szenen eher aus Heimatfilmen kennt als aus eigener Erfahrung. Heute scheint ein anderes Bild realistischer. Ich stelle mir einen solchen Heimatfilm vor. Er könnte im Fernsehen am Samstagabend laufen, und dann folgt im Verbund mit Tagesschau und Ziehung der Lottozahlen das „Wort

zum Sonntag". Es hat hohe Einschaltquoten, aber es gibt untrügliche Anzeichen, daß die Einschaltquote nicht mit der Sehbeteiligung zu verwechseln ist. Die Verbrauchszahlen der Wasserwerke steigen gerade in dieser Zeit enorm an, die Zeit reicht noch, um neues Bier zu holen, dann geht das „Programm" weiter.

Es ist leicht, zur Erinnerung an die Idylle die Realsatire zuzuliefern. Und doch könnte hinter der Nostalgie und der Ironie etwas Wichtiges verschwinden. Denn in den geordneten Ritualen des „Dorfsonntags" und im Fernsehabend, in der Hochstimmung des Sonntagsstaats und im Sich-fallen-Lassen im Pantoffelkino am Wochenende steckt ein richtiges Bedürfnis nach Feiertagsruhe. Und beide Arten des Feiertags verwirklichen auf ihre Weise, was im Wortlaut des Gebots „den Feiertag heiligen" bedeutet. Denn heiligen heißt: etwas als Besonderes ansehen, etwas herausheben aus dem Fluß des Gewöhnlichen. *Du sollst den Feiertag heiligen* meint daher zuerst: Laß den Feiertag nicht untergehen im Alltagstrott, in den Alltagszwängen! Verstehen wir das Gebot so, dann wird aber sogleich eine Gefahr deutlich, daß man dem Alltagstrott zwar entgeht, statt dessen aber in einen öden Sonntagstrott verfällt, daß man sich einerseits von den Zwängen des Alltags befreit, um andererseits noch schlimmeren Sonntagszwängen zu erliegen.

Ich möchte noch einmal bei den Anfangsbildern ansetzen. Ich stelle mir das Idealbild des Sonntags meiner Urgroßeltern vor. Gewiß war er etwas Besonderes im Lauf der Woche und darin im ursprünglichen Sinne „geheiligt". Der Kirchgang, die besondere Kleidung, die dem Sonntag vorbehaltenen Lebensformen – das alles hob den Sonntag heraus aus dem Rhythmus der Alltagszeit. Etwas wie Neid stellt sich bei mir ein, ein wenig Sehnsucht nach dieser „Heiligung". Da wußte man um den Rhythmus der Lebenszeit – nicht nur zwischen Alltag und Sonntag. Da hatten die Jahreszeiten ihren Ort, es gab Erntezeit und Einmachzeit, Backzeit und Festvorbereitungszeit. Doch ebenso stark wie das Gefühl der Sehnsucht ist bei mir das Empfinden des

Zwangs. Angefangen bei den Ermahnungen an die Kinder, sich die Sonntagskleider nicht schmutzig zu machen, bis zum Stakkato des „du sollst, du sollst, du sollst" nicht nur dieses Gebots und seiner Katechismuserklärungen. Du sollst den Feiertag heiligen! Wir sollen Gott fürchten und lieben! Das hieß ja auch: Du mußt am Sonntag in die Kirche gehen! Du darfst am Sonntag keine Arbeit tun! Da wurde auf den „Mann im Mond" mit seiner furchterregenden Geschichte verwiesen: Er hatte am Sonntag Holz gesammelt und war zur Strafe in den Mond versetzt worden, uns allen zur Mahnung. Stärker noch wirkte auf mich ein Goethe-Gedicht, das im Schulbuch stand und uns dort einschärfte, dem Läuten der Kirchenglocke zu folgen:

Die wandelnde Glocke

Es war ein Kind, das wollte nie
Zur Kirche sich bequemen,
Und sonntags fand es stets ein Wie,
Den Weg ins Feld zu nehmen.

Die Mutter sprach: Die Glocke tönt,
Und so ist dir's befohlen,
Und hast du dich nicht hingewöhnt,
Sie kommt und wird dich holen.

Das Kind es denkt: Die Glocke hängt
Da droben auf dem Stuhle.
Schon hat's den Weg ins Feld gelenkt,
Als lief es aus der Schule.

Die Glocke Glocke tönt nicht mehr,
Die Mutter hat gefackelt.
Doch welch ein Schrecken! hinterher
Die Glocke kommt gewackelt.

Sie wackelt schnell, man glaubt es kaum!
Das arme Kind im Schrecken,
Es lauft, es kommt als wie im Traum:
Die Glocke wird es decken.

Doch nimmt es richtig seinen Husch,
Und mit gewandter Schnelle
Eilt es durch Anger, Feld und Busch
Zur Kirche, zur Kapelle.

Und jeden Sonn- und Feiertag
Gedenkt es an den Schaden,
Läßt durch den ersten Glockenschlag,
Nicht in Person sich laden.

Die Zwänge und Ängste sind die Kehrseite der beschworenen Idylle. Die Lebensrhythmen wurden nicht ohne Gewalt formiert, die Zehn Gebote waren nicht das geringste Unterpfand, die Ordnung zu sichern. Denn mit dem Glockenläuten wurde auch die Geltung der Moral immer wieder eingeläutet – und bei Bedarf auch eingebläut. „Du sollst, du sollst, du sollst ..." Des Feiertags gedenken bedeutet für das Kind des Gedichts: an den Schaden denken. Das Glockenläuten erinnert an Drohung und Verderben. Was ist das für eine Feiertagsheiligung?

Deshalb ist es ein Stück Befreiung, wenn wir heute den Feiertag, den Sonntag (der im christlichen Kalender an die Stelle des biblischen Sabbats getreten ist) leben wollen als eine Zeit, in der wir endlich einmal nichts sollen, keinem Rhythmus und keinem Zeittakt unterliegen, anziehen, was wir wollen, so lange schlafen, wie wir wollen. Realisiert sich die „Heiligung" des Feiertags für eine Hausfrau darin, daß am Sonntag nach ausgiebigem und spätem Frühstück das Mittagessen endlich einmal ausfallen kann, oder mehr darin, daß sie stundenlang den besonderen Sonntagsbraten bereitet? Ist nicht ein Stück Feiertagsruhe da, wo man am

Sonntag endlich und in aller Ruhe vor der eigenen Werkbank im Hobbykeller stehen kann, wo man das eigene Auto reparieren und pflegen kann (ohne daß da noch jemand mit der Strafversetzung in den Mond drohen könnte)? Und wenn man einmal Lust hat, in die Kirche zu gehen, einmal eine Predigt hören will – ist das nicht besser als die allsonntägliche Pflicht des Kirchgangs?

Noch etwas kommt hinzu: Ist es nicht blind, von verlorengegangenen Lebensrhythmen zu sprechen angesichts einer Gegenwart, die in früher nie geahnter Weise vom Zeittakt bestimmt ist, vom Akkord, von Fahrplänen, Dienstplänen, Arbeitszeit- und Pausenregelungen, Kleidungsvorschriften, Paragraphen und Verordnungen? Was sind die Drohungen der „wandelnden Glocke" und des „Mannes im Mond" gegen die Reglementierungen, denen wir unterliegen, was sind die Zwänge der alten Rituale gegen die Zwänge in Arbeit und Freizeit heute?

Also umso mehr: den Feiertag dadurch heiligen, ihn dadurch zu einem besonderen Tag machen, daß wir endlich einmal nicht tun, was wir sollen? Sich hängen lassen, abschalten ...? Vieles spricht dafür – und doch habe ich den Verdacht, daß dieses „Sich-endlich-gehen-lassen-Können" kein wirkliches Gegengewicht gegen die Alltagszwänge ist. Nicht jede Freiheit bedeutet tatsächlich eine Befreiung, und „Tun-und-lassen-Können-was-einem-einfällt" ist nur dann ein Zeichen von Selbstbestimmung, wenn einem etwas einfällt. Gewiß: Sonntagszwänge können die Fortsetzung der Alltagszwänge sein, aber die Formlosigkeit manchen Feiertags und Feierabends setzt dem Alltagstrott und den Alltagszwängen nur nichts entgegen. Man wird wieder fit für die Tretmühle, aber man sammelt keine Gegenkräfte gegen das Sollen der Woche. Man atmet aus, um wieder eine Woche Fremdbestimmung ertragen zu können. Gegen das Sollen der Woche setzt das bloße Nicht-Sollen keine Befreiung, sondern oft nur ein Vakuum. Wenn aber die Luft aus einem Überdruck in ein Vakuum entweicht, dann hört man nur entweichende Luft.

Gewiß: Den Feiertag heiligen bedeutet, ihn anders zu leben als den Alltag. Aber reicht das bloße „anders" aus? Sind nicht beide – zugegeben: etwas holzschnittartig skizzierten — Formen der Feiertagsruhe unbefriedigend? Könnte es sein, daß der „Katechismus-Feiertag" und der „Sich-fallen-lassen-Feiertag" je auf seine Weise die Zwänge, die Bevormundungen und den Trott fortsetzen und damit einen ganz entscheidenden Inhalt des biblischen Gebots verfehlen? Ich schlage vor, hinter die Alltagserfahrungen und hinter die gewohnten Formulierungen des Katechismus und der Sprichwörter zurückzugehen auf die Worte des biblischen Gebots selbst. Im Wortlaut von Ex 20 heißt das Gebot so: *Gedenke des Sabbattages, daß du ihn heiligst. Sechs Tage sollst du arbeiten und all dein Werk tun; aber der siebente Tag ist ein Ruhetag, dem Herrn, deinem Gott, geweiht. Da sollst du keine Arbeit tun, weder du noch dein Sohn, noch deine Tochter, noch dein Sklave, noch deine Sklavin, noch dein Vieh, noch der Fremdling, der innerhalb deiner Tore ist. Denn in sechs Tagen hat der Herr Himmel und Erde gemacht und das Meer und alles, was in ihnen ist, und er ruhte am siebenten Tage; darum segnete der Herr den Sabbattag und heiligte ihn.*

Die Worte der Hebräischen Bibel kommen von noch weiter her als die des Katechismus. Da ist von einer Lebenswelt die Rede, die nicht unsere ist. Und doch zeigen sich gerade im Lichte dieser Worte die Verkürzungen und die Verluste unserer Feiertage. Da ist zunächst die Anrede, die sich an ein „du" wendet, aber gerade nicht an einen isolierten einzelnen. Du und deine Familie, du mit Haus und Hof, du und die Fremdlinge in deinem Ort. Hier geht es nicht in erster Linie um das Ausspannen, um die Erholung der einzelnen müden Menschen, sondern um die Ruhe der Gemeinschaft, der Gesellschaft, auch – ich denke an die ausdrücklich genannte Ruhe der Tiere – um die Ruhe in und mit der Natur. Diese Ruhe wird in den Worten des Gebots zurückgebunden an die Ruhe Gottes am Ende der Schöpfungswerke. Denn der letzte Akt der Schöpfung war nicht die Erschaffung des Menschen. Vielmehr heißt es zu Beginn des zweiten Kapitels des Buches Genesis: *Gott vollendete am siebenten Tage sein Werk, das er gemacht hatte, und er ruhte am siebenten Tage von all seinem Werk, das er gemacht hatte.*

Was wie ein Widerspruch klingen könnte – er vollendete und er ruhte –, zeigt den Zusammenhang, auf den es ankommt. Gott vollendete sein Werk, indem er ruhte. Diese Ruhe ist keine Ruhe statt der Arbeit, sondern eine Ruhe nach der Arbeit, eine Ruhe, die die Arbeit erst vollständig macht. Arbeit ohne Ruhe soll es nicht geben, aber – und das ist heute noch aktueller – solche Ruhe gibt es nicht ohne Arbeit. Wer einem Menschen – und das sind heute in unserem Land mehr als zwei Millionen Menschen –, wer einem Menschen also die Arbeit verweigert, der nimmt ihm auch die Ruhe. Wer lange arbeitslos ist, hat ja nicht ewigen Sonntag, er verliert vielmehr die Fähigkeit, Feiertag, Ruhe, Sonntag zu erleben. Aber auch ein Satz, wie er in rühmenden Nachrufen zu hören ist – „sein ganzes Leben war Arbeit" –, erweist sich im Lichte des Gebots und seiner Rückbeziehung auf die Schöpfungsgeschichte als ein im Grunde vernichtendes Urteil. Ein Mensch, dessen ganzes Leben Arbeit war, hat ein halbes Leben geführt.

Die Ruhe, die zur Arbeit gehört, ist ein Innehalten im permanenten Tun, ein Innehalten auch und nicht zuletzt im Kampf gegen die Natur. In der Sabbatruhe scheint etwas auf vom Frieden zwischen Mensch und Mensch, Mensch und Tier. Und so ist die Sabbatruhe nicht nur ein Gedenken an die Schöpfung Gottes, sondern auch ein Stück vom Paradies. Der Paradiesgarten in Eden war nach der Erzählung des zweiten Kapitels der Bibel Natur, die der Mensch bebaute und bewahrte. Arbeit und Ruhe, Tun und Innehalten vom Tun gehörten zusammen. Am Sabbat soll man nicht arbeiten, nicht bebauen, sondern ruhen, bewahren, behüten. Heißt es in der Fassung der Zehn Gebote im Buch Exodus *Gedenke des Sabbattages!*, so lesen wir in den ein wenig veränderten Worten im Buch Deuteronomium *Bewahre den*

Sabbattag! Hier ist das Bewahren, das Behüten aufgenommen, das zum Leben im Paradies gehörte. Noch einmal zeigt sich in der Feiertagsruhe etwas von dem, was in der Geschichte der menschlichen Arbeit verlorenzugehen droht. Gegen die Vorstellung von dauernder Produktivitätssteigerung, gegen das fessellose Tun, gegen das Einstürmen auf immer neue Ziele, gegen das „immer mehr" und das „es ist nie genug" verweist das Gebot der Feiertagsruhe den Menschen darauf, daß Mensch-Sein in Produktivität nicht aufgeht.

Dabei ist der jüdische Sabbat kein Tag des bloßen Unterlassens, vor allem kein Tag des Verzichts und der Askese. Sabbat ist eine Zeit der Freude, der Fülle. Wein und gutes Essen, miteinander feiern, miteinander sein – das macht den Sabbat aus. Miteinander – das heißt aber, wenn wir uns noch einmal an den alten Wortlaut erinnern, nicht: unter sich bleiben. Im Gebot heißt es: ... *auch der Fremdling, der in deinen Toren ist* ... Der Fremdling, der Arme, alle die, die sonst zu kurz kämen, sind in die Feiertagsfreude und -fülle eingeschlossen.

So feierte auch der Jude Jesus – nicht nur bei der Hochzeit zu Kana. Er hatte wenig von einem Asketen an sich und mußte sich gefallen lassen, als Fresser und Weinsäufer bezichtigt zu werden, weil er feierte, vor allem aber, weil er mit denen Gemeinschaft hatte, die nicht zur guten Gesellschaft gehörten. Jesus hielt gegen seine Kritiker daran fest, daß der Sabbat ein Tag sei, der den Menschen befreie, und keiner, der ihn mit Vorschriften knechte. Seine Kritiker waren mißtrauisch gegen die Fülle, gegen das Leben, gegen die Freude – mißtrauisch, wie es viele Christen bis heute sind. In den Worten des Katechismus ist von der Fülle und von der Freude des Feiertags wenig die Rede. Da sind – nicht nur bei diesem Gebot – aus Wegweisungen Vorschriften geworden; Befreiung wurde zu neuer Einengung. Die Befreiung aber steht in den Zehn Geboten vor jeder Forderung. Bevor auch nur ein „du sollst" oder – wie man vielleicht besser übersetzt – „du wirst" erklingt, spricht Gott von sich selbst: *Ich bin der Herr, dein Gott, der ich dich aus dem Lande Ägypten, aus dem Sklavenhause, herausgeführt habe ...*

Die Befreiung aus dem Sklavenhaus mündet ein in das Angebot eines befreiten Lebens – das ist der Sinn aller Gebote. So ist auch das Gebot der Sabbatruhe zu verstehen als Aufforderung, sich dieser Befreiung entsprechend zu verhalten. Dasselbe Wort, das den Sklavendienst in Ägypten bezeichnet, wird auch im Gebot der Sabbatruhe aufgenommen: du sollst nicht wie ein Sklave dein ganzes Leben lang arbeiten. Arbeit ohne Ruhe wäre Frondienst, wäre Sklavenarbeit. So ist die Sabbat-, die Feiertagsruhe auch ein Protest gegen Fronarbeit, gegen Fremdbestimmung, gegen Zwang. Des Sabbattages gedenken, den Sabbattag bewahren bedeutet deshalb, gegen alle Verhältnisse zu protestieren, in denen Menschen wie Sklaven ausgebeutet und Tiere wie Sachen gebraucht werden. Des Sabbattages gedenken, den Sabbattag bewahren bedeutet, sich des Exodus zu erinnern, des Auszugs aus der Knechtschaft, und sich verpflichten zu lassen, wie befreite Menschen zu leben.
Die Lebensbedingungen Israels, aus denen die Zehn Gebote stammen, sind von unseren weit entfernt. Und doch zeigen sich, wenn wir über den Sinn des alten Wortlauts nachdenken, Perspektiven für unsere privaten und gesellschaftlichen Lebensformen, Perspektiven, die wir den verkürzten Sätzen der Katechismen und der Sprichwörter nicht mehr entnehmen können. Diese neuen Perspektiven der alten Texte fordern Konsequenzen. So wäre doch – um diesen einen Punkt herauszuheben – ein Ausruhen am Sonntag, um wieder neue Kraft zu sammeln zum Kampf aller gegen alle, zum Kampf um Macht, Einfluß, Prestige, zum Ausbeuten und zum Aushalten des Ausgebeutet-Werdens, nicht die Feiertagsruhe, geschweige denn die Feiertagsheiligung, von der die Bibel spricht. Wie steht es bei uns um das Verhältnis von Arbeit und Ruhe? Wie wollen wir eigentlich rechtfertigen, daß manche zuviel Arbeit haben und nie zur Ruhe kommen, während andere – viel zuviele andere – keine

Arbeit haben und zu einer Untätigkeit gezwungen sind, die gerade nicht die Ruhe ist, von der das Gebot handelt? Halten wir in der Feiertagsruhe inne im Kampf zwischen Mensch und Mensch, Mensch und Natur? Oder setzen wir im Freizeitverhalten den Prestigekampf und die Zerstörung der Lebenswelt fort?

Die Feiertagsruhe wäre ein Ort, auch über diese Zusammenhänge nachzudenken, nachzudenken auch über unsere Sklavenhäuser, über unser Land Ägypten, unser Exil. Was hieße es für uns, an diesem Tag der Befreiung zu gedenken – und wie Befreite zu leben?

Rabbi Chanoch sagte: „Das eigentliche Exil Israels in Ägypten war, daß sie es ertragen gelernt hatten."

Ehre deinen Vater und deine Mutter

Das Vierte Gebot

Von Hartmut von Hentig

1. Nachdenken über meinen Auftrag

Ich bin aufgefordert, über „das Vierte Gebot heute" zu sprechen. Ich soll dabei „ein Zusammenspiel von persönlicher Moral und gesellschaftlicher Struktur sichtbar machen". Das Vierte Gebot wird mir in neuer Sprache und in einer Abkürzung vorgegeben: *Ehre deinen Vater und deine Mutter ...* Gelernt habe ich vor einem halben Jahrhundert: *Du sollst deinen Vater und deine Mutter ehren, auf daß es dir wohlergehe und du lange lebest auf Erden.* Ich war damals sechs – heute bin ich sechzig. Die Veränderungen von Wort und Wirkung sind an der eigenen Person spürbar, im eigenen Leben nachzuzeichnen.

Was die Zehn Gebote und unter ihnen das Vierte heute bedeuten, wird man anders beantworten, je nachdem, ob man glaubt, dies sei Gottes lebendiges Wort, auf dem Berge Sinai aus der Feuerwolke zu Moses gesprochen – für das Volk Israel, das er aus Ägyptenland aus der Sklaverei herausgeführt hat —, oder ob man es für eines der Gesetze hält, die sich die Menschen um ihrer Unverbrüchlichkeit willen „im Namen Gottes" geben. Mit sechs Jahren war ich des ersteren gewiß. Heute – mit sechzig – erschwert mir der verbliebene Begriff von Gott solche Vorstellungen; zugleich erleichtert er mir meine Aufgabe: er erlaubt mir, die Wörter auszuwählen, denen ich Folge leiste. (Wie ich ja auch den Sabbat

nicht heilige, an dem und indem ich diese Gedanken aufzeichne!) Andere, die Gläubigen, kann dies nicht befriedigen. – Meine Leser sollen wissen, daß mir dies bewußt ist.
Sodann: Auch dieses Gebot, wie die neun übrigen, gilt nicht den Kindern, sondern allen – vornehmlich den erwachsenen – Menschen. Der Pädagoge ist hierfür kein bißchen mehr zuständig als jeder andere, der über das Verhältnis von Menschen zu Menschen nachdenkt. Gleichwohl spüre ich an der Weise, wie mir der Auftrag erteilt worden ist, eine besondere Erwartung an die Antwort eines Mannes, der mit Kindern und Jugendlichen heute umgeht. Dieser Erwartung zu entsprechen hieße nach meiner Überzeugung, vom Vierten Gebot ablenken, es sei denn ...
Ja, „es sei denn“ – von dieser allgemeinen überzeitlichen Bedingung will ich zuerst sprechen, bevor ich von einem möglichen Wandel des Gebots in unserer Zeit spreche. Wenn die den Eltern geschuldete Ehre nicht eine Analogie zur Gott geschuldeten Ehre ist (wie Luther es deutet), sondern ein in seinem Wortlaut aufgehendes Gesetz für diese Welt, und wenn der zweite Teil des Gebots, die Verheißung eines guten und langen Lebens, nicht Gottes Vergeltung ist (wiederum wie Luther es deutet), sondern eine natürliche Folge des geforderten Verhaltens – dann wäre das Vierte Gebot aus der Theologie in die Gefilde der praktischen Vernunft herabgestiegen. Ein Pädagoge dürfte füglich mitreden, ob und wie es heute verstanden wird und was seiner Befolgung bei der nachfolgenden Generation im Wege steht.
Es macht für die Beantwortung der Frage offenkundig einen großen Unterschied, ob mein Handeln dadurch gut wird, daß es „als für Gott getan“ gilt, oder dadurch, daß es den Menschen – hier den Eltern und den Kindern – bekommt. In Luthers Katechismus[1] wird jedes Gebot zuerst in ein Gebot der Gottesfurcht und Gottesliebe verwandelt: „Was ist das? Wir sollen Gott fürchten und lieben, auf daß wir ...“ Vermöge der Gottesfurcht und der Gottesliebe können wir dann das in dem betreffenden Gebot genannte Übel meiden,

das Gute tun. Es ist folgerichtig, wenn Luther die Erfüllung von Gottes Gebot als eine Freude an sich hinstellt: wir sollen froh werden, „daß wir ihnen (den Eltern) mögen Ehre und Gehorsam zeigen, weil wir wissen, daß der hohen Majestät und allen Engeln so wohlgefällt und alle Teufel verdrießt“ (heißt es im Großen Katechismus).
Das Vierte Gebot, neben dem Dritten *Du sollst den Feiertag heiligen* das einzige wirkliche Gebot (alle anderen sind Verbote), ist für Luther das oberste unter denen, die unser Verhältnis zu den Menschen regeln – herausgehoben durch seine Stellung und durch seine innere Figur. Es fordert nicht nur mehr als die anderen Gebote, es fordert etwas prinzipiell anderes, etwas, was wir eigentlich Gott erweisen sollen und „an Gottes Statt“ den Eltern und allen „Oberen“, den Schulmeistern, den Hausvorständen, den Landesherren. In diesem Gebot geht es um die wahre Ordnung der Welt.
Auch ich könnte – wie Luther –, wenn schon aus anderen Gründen, im Vierten Gebot dasjenige sehen, das genügte, wenn es keine anderen gäbe. In meiner säkularen und analytischen Sprache lautet das zugrundeliegende Gesetz:
Wir Menschen (nicht allein die Kinder) sollen Vater und Mutter ehren. Sie ehren heißt: ihnen Achtung erweisen auch dann, wenn sie Schwächen haben, Fehler begehen, uns verkennen oder gar Unrecht tun. („Denn es ist ein viel höher Ding, zu ehren, denn zu lieben“, sagt Luther[2]. Liebe – das ist ein Gefühl, das über uns verfügt; Ehre oder Achtung ist ein sittlicher Akt, über den wir verfügen.) An unserem Verhältnis zu unseren Eltern lernen unsere Kinder, was das ist – die Möglichkeit, die Richtigkeit, die Wahrheit dieser Beziehung. Haben sie diese Grunderfahrung gemacht, können sie uns, ihre Eltern, ehren und den anderen, denen sie weniger schulden, allemal gerecht werden – den Geschwistern und Freunden, den Nächsten und Fernsten. Sie können sich dem Prinzip anvertrauen: es sei gut,

- an den Schwachen zu leisten, was man von den Starken erwartet,
- die Wohltaten nicht direkt zu verrechnen,

- Verantwortung für andere zu tragen, ohne sie zu entmündigen,
- das Gute nicht um der Dankbarkeit willen zu tun, nicht besserwissend, nicht „opfervoll“ weder aus Schuldigkeit noch aus Mitleid, sondern großmütig, heiter, in der Gewißheit, daß dieses Lebensgesetz auch sie trägt.

Anderes kann man von anderen als den Eltern lernen.

Daß aus dem an Kinder gerichteten Gebot *Du sollst deinen Vater und deine Mutter ehren* das allgemeine Gebot wird „Du sollst die Alten ehren“ und aus Gottes Zusicherung *auf daß es dir wohlergehe und du lange lebest auf Erden* die anstrengende Folgerung „auf daß die Jungen die Segnungen dieses Verhaltens erkennen können und ebenso handeln“, hat zwei Pointen:

- Wenn sie alt sind vor allem, brauchen Vater und Mutter die Liebe und Achtung ihrer Kinder, weil sie dann geschwächt, einsam, mitunter schrullig sind;
- wenn Vater und Mutter alt sind, ist von ihnen weder etwas zu erwarten, noch etwas zu fürchten; was man ihnen tut, tut man aus Liebe, Achtung, Verantwortung.

Aus dem machtvollen Willen Gottes wird ein ethisches Prinzip.

Es ist mühelos erkennbar, daß das so verstandene Gebot in unserer Zeit keine geringere Gültigkeit hat als zu anderen Zeiten und gewiß eine größere als die im 18. und 19. Jahrhundert in die Kinderstube abgedrängte bürgerliche Auslegung. – Wäre das dann der Wandel, den festzustellen mir mein Thema nahelegt?

2. Geschichtliche Anlässe zu Zweifeln am Mosaischen Gebot

Nicht erst in der Neuzeit haben Menschen in unserer abendländisch-christlichen Kultur gemeint, das Vierte Gebot hinter sich lassen zu sollen. Im 12. und 13. Jahrhundert verließen Kinder in großer Zahl ihre – wohlgegründeten – Elternhäuser, versagten ihren Vätern den Gehorsam, wollten nicht essen, sich nicht ordentlich kleiden, sich nicht waschen – unter Berufung auf den in Entbehrung lebenden Christus, der obendrein gesagt hat: *Und jeder, der um meines Namens willen Häuser oder Brüder, Schwestern, Vater, Mutter, Kinder oder Äcker verlassen hat, wird dafür das Hundertfache erhalten und das ewige Leben gewinnen (Mt 19,29).* Das Beispiel des Herrn, das Leben in seiner Nachfolge und darum in Armut, die Freiheit der Seele von den Fesseln des Leibes, des Ruhmes, der Konvention galten ihnen mehr als das alttestamentliche Gebot. Im Kinderkreuzzug, in der Bewegung der Bettelmönche, in der Person und Lehre des heiligen Franziskus manifestierte sich eine radikale Unbedingtheit des christlichen Lebens, die alle weltlichen Bindungen abstreifte und nur langsam in die Tradition zurückgeholt wurde.

Im 18. Jahrhundert kamen die Anfechtungen aus einer anderen, der entgegengesetzten Richtung: aus der Aufklärung. Auf den Fortschrittsoptimismus eines Condorcet, der an die unbegrenzte Fähigkeit des Menschen glaubte, sich zu vervollkommnen – Krieg, Armut, Unglück zu vermeiden, wenn er die Dinge nur nach vernünftiger Übereinkunft und nicht nach „natürlichem" oder „göttlichem" Gebot einrichtete –, antwortete Malthus, ein gottesfürchtiger Anglikaner mit nicht weniger rationaler Nüchternheit: „Meiner Ansicht nach kann ich mit Recht zwei Postulate aufstellen. Erstens: Die Nahrung ist für die Existenz des Menschen notwendig. Zweitens: Die Leidenschaft zwischen den Geschlechtern ist notwendig und wird in etwa in ihrem gegenwärtigen Zustand bleiben. [. . .] Indem ich meine Postulate als gesichert voraussetze, behaupte ich, daß die Vermehrungskraft der Bevölkerung unbegrenzt größer ist als die Kraft der Erde, Unterhaltsmittel für den Menschen hervorzubringen[3]." Malthus argumentierte also, daß man die Nachkommenschaft einschränken müsse: Kinder sind kein Segen, Kinder sind (a) eine unvermeidbare Folge des Geschlechtsverkehrs und (b) ein vorwiegend ökonomischer Tatbestand.

In unserer Zeit erleben wir nicht nur die mögliche Erfüllung seines Bevölkerungsgesetzes, sondern auch die mögliche Erfüllung seines Gebots: der Enthaltsamkeit – durch die Antibaby-Pille. In eben der Denkweise der Aufklärung kann man heute sagen: Kinder sind kein notwendiger Preis für die Freuden der Geschlechtlichkeit mehr; aber sie bleiben ein volkswirtschaftlicher Faktor – für die Aufrechterhaltung der Produktivität, der Lebensdynamik, der nationalen Identität, der Rentenversorgung.

Wie das Urgesetz der Ökonomie mit der urgesetzlichen, natürlich-sittlichen Eltern-Kind-Gemeinschaft in Widerstreit gerät, hat schon vordem das Märchen von Hänsel und Gretel gezeigt. Mit der neuen Denkweise wird aus diesem Urkonflikt eine Panne, die einer aufgeklärten Gesellschaft nicht passiert. Keines der Zehn Gebote vermöchte da zu helfen!

Das Buch, in dem Ellen Key 1902 „Das Jahrhundert des Kindes[4]" ankündigt, beginnt mit dem Leid und dem Widersinn der Welt bei ihrem Eintritt in das 20. Jahrhundert. Eine Wende werde nur kommen, prophezeit Ellen Key, wenn sich die Menschennatur wandle, wenn die Menschheit zum Bewußtsein der „Heiligkeit der Generation" erwache. Die erste Bedingung dafür wiederum ist „das Recht des Kindes, seine Eltern zu wählen". Das sieht wie das genaue Gegenteil dessen aus, was Luther uns anlobt: daß Gott uns diesen Vater und diese Mutter gegeben habe, wofür wir ihm Dank und ihnen Ehre und Gehorsam erzeigen sollen. Gemeint ist von Ellen Key: Wir müssen ein Recht des Kindes anerkennen, „nicht in eine disharmonische Ehe geboren zu werden". Man sieht, was Frau Key für die Quelle unserer Übel hält: eine unglückliche Kindheit. Und diese ist die Folge unglücklicher, weil mit falschen Motiven und Vorstellungen geschlossener, unfreier, unentrinnbarer Ehen. Wie können Eltern Kinder lieben, die sie wider Willen aneinanderfesseln? Wie können Kinder ihre Eltern achten, die in ihren Kindern die ärgsten Feinde ihres Glückes sehen?

Sigmund Freud hat in seiner Frühschrift, den Studien über die Hysterie (aus dem Jahre 1895[5]; Ellen Key kannte sie

noch nicht, so daß sie sich weder auf Freud berufen noch von ihm korrigieren lassen konnte), gezeigt, daß man die Eltern-Kind-Beziehung noch einmal abgründig anders ansehen kann: als ein Knäuel von Tötungs- und Inzestwünschen, von Urtrieben, die sich an Urhemmungen rächen, von Traumata und Neurosen, von Sublimierungen, Übertragungen, Verdrängungen. Von allen Beziehungen unter Menschen ist die zwischen Söhnen und Vätern, Müttern und Söhnen, Vätern und Töchtern, Töchtern und Müttern die komplexeste, schicksalhafteste, am wenigsten durch Gebot zu steuern. (Und in der Folge dieser Beziehung sind alle Struwwelpeter-Unarten – von der Tierquälerei über das Daumenlutschen und das Zündeln bis zur Verhöhnung fremder Rassen – zu erklären, wie die Kriege, das „Unbehagen in der Kultur“, die Untergangswünsche unserer Zivilisation.)
Als dann die Ethnologen und Verhaltensforscher die Polynesier und Paviane zur Deutung unseres Verhaltens und unserer Verhältnisse mit heranzogen, schienen nur noch die Gesetze der Arterhaltung und der Anpassung an die Umwelt Bestand zu haben: Auf Samoa ist die ältere Schwester wichtiger als die Mutter; der Knabe lernt in der Knabengruppe; die leiblichen Väter sind für die Erziehung entbehrlich[6]. Das Ganze bildet ein in sich folgerichtiges System, in dem idyllische Ungebundenheit zugleich für großen Kinderreichtum sorgt und sich an ihren eigenen Folgen begrenzt: „Wenn es in Samoa vorwiegend Familien mit wenigen Kindern gäbe, so würde dieses System die eine Hälfte der Bevölkerung ängstlich bemüht und aufopferungsvoll machen, die andere Hälfte tyrannisch und eigensüchtig. Aber gerade immer dann, wenn ein Kind das Alter erreicht, in dem sein Eigensinn unerträglich wird, wird ihm ein Kleineres aufgehängt, und der ganze Prozeß fängt von vorn an, so daß jedes Kind durch die Verantwortung für ein jüngeres erzogen und sozial brauchbar wird[7].“
Für den, der die Tiefenpsychologie und die marxistische Gesellschaftskritik kennengelernt hat, liegt es nahe, einen Aus-

weg aus den Verstrickungen unserer Kultur durch einen radikalen Bruch mit dem patriarchalischen System zu suchen: es vereinigt die Unterdrückung der Triebe mit der Unterdrückung der ökonomisch Abhängigen. Der ungerechte bürgerliche Staat gründet seine Herrschaft auf die bürgerliche Familie. Das Kommunistische Manifest spricht eine klare Sprache dazu: „Worauf beruht die gegenwärtige, die bürgerliche Familie? Auf dem Kapital, auf dem Privaterwerb. Vollständig entwickelt existiert sie nur für die Bourgeoisie; aber sie findet ihre Ergänzung in der erzwungenen Familienlosigkeit der Proletarier und (in) der öffentlichen Prostitution. Die Familie der Bourgeois fällt natürlich weg mit dem Wegfallen dieser ihrer Ergänzung, und beide verschwinden mit dem Verschwinden des Kapitals. Werft ihr uns vor, daß wir die Ausbeutung der Kinder durch ihre Eltern aufheben wollen? Wir gestehen dieses Verbrechen ein[8]."

In den Richtlinien für die Gesellschaftslehre an Schulen unserer Epoche finden sich Themen und Texte, die den Schülern nahelegen, ihre Rechte gegen ihre Eltern wahrzunehmen (wie gegen ihre demokratische Obrigkeit). Man versprach sich, als man dies in die Richtlinien schrieb, eine neue Freiheit in der nächsten Generation, wenn die Kinder durchschauen, warum ihre Eltern falsch leben, den falschen Verhältnissen zustimmen, sie selbst falsch behandeln. Dies widerspricht nicht dem, was ich im Vierten Gebot repräsentiert finde, es bestätigt es: Die Familie <u>ist</u> nicht, was sie sein <u>soll</u>.

Es gibt schließlich einen Zweifel ganz anderer Art, ob das Vierte Gebot heute noch uneingeschränkt gelte: Es ist unverständlich geworden – zunächst sprachlich: Für Luther hieß die Eltern „ehren": „sie vor allen Dingen herrlich und wert halten"; sich „mit Worten züchtig" gegen sie benehmen, sie recht haben lassen und schweigen; mit Werken ihnen dienen, helfen, sie versorgen. Ein heutiger Jugendlicher weiß mit dem Wort „ehren" nichts anzufangen. Ehre, die einer hat und verlieren kann, – das kennen sie wohl. Ehre,

die einer gibt, wird bei ihnen zur öffentlichen Preisung, zu Goldmedaille und Oscar. Als mein 98jähriger Vater erfuhr, daß meine Schüler mir über den Hof zurufen: „Hallo Hartmut", daß die Kleinen an mir hochspringen, daß die Großen mir anbieten, mich auf ihrem Moped zum Parkplatz zu fahren, wo mein Auto steht, schüttelte er den Kopf: da fehlt die Ehrerbietung. Die Schüler selbst haben eine andere Wahrnehmung. Sie achten mich. Aber die Formen, in denen, die Anlässe, aus denen dies geschieht, sind anders.
Selbst wenn Schüler wüßten, was Luther mit seiner Übersetzung des Pentateuch und dieser mit seinem hebräischen Urwort meint – „Gewicht verleihen", „ernst nehmen" –, die Forderung wäre ihnen in der Sache nicht einleuchtend. Ehr-Furcht käme ihnen wie Mißachtung der Person vor, der sie gilt. Einen Menschen, den man achtet, fürchtet man nicht. Den protestantischen Bischof und Stiefvater von Fanny und Alexander in dem nach ihnen benannten Film von Ingmar Bergman finden sie verächtlich, weil er Liebe, Vertrauen, Gehorsam erzwingt: „Die Moral dieses Mannes ist wirksam", sagt einer meiner Schüler, „nur weil er Macht hat." „Und weil er an sein Recht glaubt, sie auszuüben", fügt ein anderer hinzu. Hieran glaubt er selbst nicht.
Für Luther ist „ehren" immer und zuallermeist „gehorchen", und um dieses ist es „ein groß Ding bei Gott". Absoluten Gehorsam gibt es heute nicht einmal mehr beim Militär – man hat ihn durch technische Notwendigkeit, Sachautorität, innere Führung ersetzt. Mein alter Vater dagegen spielte gänzlich unbefangen mit seinem vierjährigen Enkel das von uns so genannte Gehorsamsspiel: „... und nun hol' mal den Spazierstock! ... und nun hol' mal den Hut! ... und nun hol' mal den Füllfederhalter!" Der Enkel erfüllte die Befehle mit fröhlichem Eifer; er freute sich über das ihm gespendete Lob. Aber woran hat sich mein Vater gefreut? Bei jedem anderen hätte ich dieses Spiel mit tiefstem Mißtrauen, ja Mißfallen beobachtet.
Der in der Ehrung enthaltene Dienst hieß Jahrtausende hindurch Arbeit. Im vorigen Jahrhundert begann man, die Ar-

beit, die Kinder für Erwachsene verrichten, zu verpönen. In unseren Tagen hat man keine mehr für sie – außer Rasenmähen, Schnee schippen, den Mülleimer hinaustragen, und auch das nur für die größeren Kinder. Die jeweils jüngere Generation ist ein Konkurrent um die Arbeitsplätze der älteren geworden. Man schickt sie nicht zuletzt darum in lang dauernde, anstrengende Schulen. Aber das wird nicht viel helfen: Nicht erst durch Neil Postman[9)] und anhand der Neuen Medien sehen wir, daß das Alter, das einst einen Menschen in der Gesellschaft auszeichnete, ihn jetzt herabsetzt. Die Formel lautet: Nicht wer schon lange gelebt hat, hat auch mehr gelernt, sondern wer erst kurz gelebt hat, muß weniger umlernen. Schon Margaret Mead[10)] hat gezeigt, daß die Jungen mehr und schneller voneinander lernen als von den Alten und daß deren Lebensvorsprung sich nicht mehr durch Belehrung bekunden läßt, sondern nur noch durch die mühselige Bereitschaft, sich selbst zu ändern. Indem die Erwachsenen ihrer Arbeit nachgehen und die Jugendlichen in die Schulghettos verbannt sind oder sich in Discos und auf ihren Motorrädern tummeln, unterschlagen beide den Generationenkonflikt: Man geht sich aus dem Weg.

3. Eine schwierige Konsequenz

Luther hatte gesagt, „ehren“ sei mehr als lieben. Das gilt heute nicht mehr. Die dafür genannten Anlässe – der geforderte Gehorsam, die dienstbare Arbeit, die Entgegennahme von Belehrung und Rat – entfallen. Aber es gibt einen viel zwingenderen, zeitlosen Grund dafür, daß die jüngere Generation die ältere achte: daß ihr Beispiel gilt und stärker wirkt als eine bei den Kindern aufgehäufte Dankesschuld. Es wächst ein vererbbares Vertrauen, daß „ihr da sein werdet, wenn wir euch brauchen“, ein Vertrauen auf die Kraft und Dauer eines klugen Gefühls.

Vertrauen und Liebe können freilich nicht Gegenstand von Geboten sein. Vertrauen entsteht aus Vertrauen. Liebe entsteht aus Liebe. Die Aufforderung „Du sollst ...“ müßte beide gefährden. Aber wer zuerst da ist und am längsten und wer sich liebend, vertrauend, helfend und frei verhält, der hat die größte Chance, des Kindes Vertrauen und Liebe zu gewinnen. Der, so folgere ich, muß sie auch zu gewinnen suchen: um der Menschlichkeit unserer Verhältnisse willen. Die Einwände, die sich in der Geschichte angesammelt haben, richten sich samt und sonders nicht gegen dieses Gebot, sondern gegen das, was es zu bewältigen hat: Leistungsdruck, Arbeitslosigkeit, Neid, die durch die technische Instrumentierung unserer Welt gewaltig überhöhten Gegensätze: hie der Höllenspektakel der Jugend, da die durchrationalisierte Altersheim-Kultur, hie die Versagung jeder Bewährungsmöglichkeit, da die großen Guthaben der Tüchtigkeit, der überlebten Kriege, des wiederaufgebauten Landes, ja, gegen seinen Mißbrauch zur Verhüllung dieses Versagens.

So mache ich aus dem Vierten „Gebot“ – um es gegen die vorgebrachten Anfechtungen zu retten – eine doppelseitige „Weisheit“, ein An-gebot, das sich diesem Mißbrauch schwerer leiht als der Herrschaftsspruch Gottes vom Berge Sinai:

> Du tust gut, deine alten Eltern und deine jungen Kinder zu ehren, und das heißt, ihnen zu vertrauen, ihnen beizustehen und ihnen Achtung zu schenken, so daß ihr aneinander erfahrt, was dies kostet und was dies gibt: Geduld haben für die Umständlichkeit und die Spontaneität; Zeit zur Füllung der Einsamkeit und zur Übung im Neuen; Phantasie gegen das zerbrochene Gedächtnis und für die Unordnung, die Angst, die Hoffnung; Selbstbeherrschung für den Eigensinn; Großmut gegen den Geiz und das ungestillte Bedürfnis nach Geltung; einander Beschämung ersparen.
>
> In einer Familie kannst du freundlich-und-redlich-sein (B. Brecht); du mußt dich nicht verstellen, weil du dich nicht verstellen kannst. Die Alten werden für deine unberechnete Zuwendung dankbar sein, und die Jungen

werden über dich staunen und sich einst über sich selber freuen, wenn sie ein Gleiches zuwege bringen.

Ich weiß, daß dies nicht genügt. Wir müssen darüber hinaus lernen, den Feind zu lieben, Frieden zu machen, die Welt in Ordnung zu halten. Sonst schreibt eines Tages unser eigenes Kind an die Wände der übriggebliebenen Häuser mit Holzkohle VERFLUCHTE ELTERN wie der 13jährige verstümmelte Andreas, der in Gudrun Pausewangs Buch „Die letzten Kinder von Schewenborn[11]“ den Atomschlag überlebt hat.

„Glaubst du, man trifft seine Leute nach dem Tod wieder?“ fragt ihn Roland.
„Meine Eltern? ... Ich will sie nicht wiedersehen. Zum Teufel mit ihnen und ihrer ganzen Generation. Sie haben es kommen sehen. Sie haben untätig zugeschaut. Sie haben nicht versucht, uns vor dem Untergang zu beschützen. Warum haben sie uns überhaupt gezeugt, wenn ihnen so wenig an uns lag?“

Der Gedanke quält, daß Andreas das Mosaische Vierte Gebot gehalten haben könnte und seine Eltern das meine – und daß beides zu diesem Ende geführt hat.

[1] Luther, Martin: Der große Katechismus. Geistliche Lieder. Mit einer Einleitung von Hermann Dietzfelbinger, München (ca. 1974) (Wilhelm Goldmann).
[2] Luther, Martin: Der kleine Katechismus Doktor Martin Luthers in der gemeinsamen Fassung der Evangelischen Kirche der Union und der Vereinigten Evangelisch-Lutherischen Kirche Deutschlands, Berlin 1961 (Christlicher Zeitschriftenverlag).
[3] Malthus, Thomas Robert: Das Bevölkerungsgesetz (herausgegeben und übersetzt von Christian M. Barth), München 1977 (dtv), S. 17f.
[4] Key, Ellen: Das Jahrhundert des Kindes (nach der Erstausgabe von 1902 im S. Fischer Verlag, Berlin), Königstein/Ts. 1978 (Athenäum).
[5] Freud, Sigmund: Studien über Hysterie, in: Gesammelte Werke, chronologisch geordnet, hrsg. von Anna Freud, Bd. 1, 3. Aufl., Frankfurt a.M. 1969.
[6] Mead, Margaret: Kindheit und Jugend in Samoa, in: Jugend und Sexualität in primitiven Gesellschaften, München 1970 (Deutscher Taschenbuch Verlag).
[7] Mead, Margaret: Kindheit und Jugend in Samoa, a.a.O. S. 48.
[8] Marx, Karl: Manifest der Kommunistischen Partei, in: Die Frühschriften, hrsg. von Siegfried Landshut, Stuttgart 1953, S. 543 (Alfred Kröner).
[9] Postman, Neil: Das Verschwinden der Kindheit, Frankfurt a.M. 1982 (S. Fischer).
[10] Mead, Margaret: Culture and Commitment. The New Relationship Between the Generations in the 1970's, New York 1970 (Columbia University Press).
[11] Pausewang, Gudrun: Die letzten Kinder von Schewenborn. 3. Aufl. Ravensburg 1983 (Otto Maier) S. 87f.

Du sollst nicht töten
Das Fünfte Gebot

Von Heinz Zahrnt

Christlicher Glaube glaubt und bekennt nicht, was jederzeit gleich gilt, sondern was jeweils besonders gilt: jetzt zu dieser Zeit, hier an diesem Ort. Auch die christliche Wahrheit hat stets ihre besondere „Ortszeit". Das gilt selbst für die Zehn Gebote, die uns so unwandelbar, fast ewig erscheinen – auf steinerne Tafeln gemeißelte zeitlose Gesetze.

Dieser Ewigkeitscharakter der Zehn Gebote scheint noch verstärkt zu werden durch ihre negative Formulierung. Eigentlich sind die Zehn Gebote, bis auf das Dritte und Vierte, keine Gebote, sondern Verbote. Sie dekretieren nicht, was wir tun sollen, sondern was wir nicht tun sollen: Du sollst nicht, Du sollst nicht, sollst nicht ...

Aber gerade durch diese negative Formulierung werden die Zehn Gebote flexibel und damit in der sich wandelnden geschichtlichen Situation jeweils neu anwendbar. Sie sind wie Bojen, die ausgeworfen werden, um gefährliche Untiefen zu markieren und so eine ungefähre Fahrrinne anzuzeigen, in der man je nach den Gezeiten verschieden navigieren kann. Das hat Martin Luther gemeint, wenn er sagt: „Wir müssen neue Dekaloge machen, wie Petrus und Paulus und Jesus selbst es getan haben."

Dies gilt auch für das Fünfte Gebot: *Du sollst nicht töten.* Im Zuge der vielen Veränderungen unserer Zeit hat auch der Tod sich gewandelt. Gewiß, was das Ergebnis betrifft, ist der Tod im Einzelfall immer noch dasselbe. Aber wie dieses Ereignis sich vollzieht, in welchem sozialen und politischen Zusammenhang und in welchem Ausmaß, und wie das Bewußtsein der Menschen darauf reagiert – das alles und

noch viel mehr ist höchst verschieden. Deshalb hat Theodor W. Adorno recht: „Der Satz, der Tod sei immer dasselbe, ist so abstrakt wie unwahr; die Gestalt, in der das Bewußtsein mit dem Tod sich abfindet, variiert samt den konkreten Bedingungen, wie einer stirbt, bis in die Physis hinein."
Was Adorno über den Tod sagt, hat auch Konsequenzen für das Verbot des Tötens. Ursprünglich bezog sich dieses Verbot nur auf den Mord an einem einzelnen Mitmenschen, womöglich nur am Volksgenossen. Längst aber hat unser Verständnis dessen, was „Tod" und was entsprechend „töten" heißt, sich erweitert und vertieft. Wir brauchen uns nur einmal zu überlegen, wann und wofür wir das Wort „sterben" im Leben gebrauchen: Ehen sterben, Freundschaften sterben, Ideen sterben, und auch ein Wald, eine Stadt oder eine Kirche können sterben. Wo immer Beziehungen abgebrochen und Verhältnisse gelöst werden, ob im privaten oder gesellschaftlichen Lebensbereich, ob in der Politik oder in der Natur, dort überall ist der Tod schon im Gange: „Mitten wir im Leben sind mit dem Tod umfangen."
Entsprechend dieser Ausweitung und Vertiefung des Todesverständnisses hat Jesus von Nazareth das Fünfte Gebot radikalisiert – wenn wir nicht umgekehrt sagen müssen, daß Jesu Radikalisierung des Fünften Gebots eine Vertiefung und Erweiterung unserer Auffassung vom Töten zur Folge gehabt hat. In der Bergpredigt heißt es: *Ihr habt gehört, daß zu den Alten gesagt ist: ‚Du sollst nicht töten'; wer aber tötet, der soll des Gerichts schuldig sein. Ich aber sage euch: Wer mit seinem Bruder zürnt, der ist des Gerichts schuldig; wer aber zu seinem Bruder sagt: ‚Du Nichtsnutz!', der ist des Hohen Rats schuldig; wer aber sagt: ‚Du Narr!', der ist des höllischen Feuers schuldig.*
Hier wird mit dem Fünften Gebot radikal Ernst gemacht. Der Mord bildet nur die letzte Stufe einer lebensbedrohlichen Klimax. Vor aller handgreiflichen Tat schon wurzelt der Hang zum Töten, zur Verletzung und Vernichtung eines anderen Lebens, im Herzen des Menschen. Da kündigt der Mensch in seinem Zorn die Gemeinschaft mit dem Nächsten

auf: Er kann ihn nicht mehr ertragen. Wie von selbst folgt daraus die nächste Stufe: Der Zorn macht sich Luft in immer heftigeren Worten – und Worte können verletzen und manchmal sogar töten. Am Ende steht dann der tatsächliche Mord. So reicht der Prozeß des Tötens vom unbedachten Zorn über die bewußte Beleidigung bis hin zum unbeherrschten Totschlag oder gar zum wohlüberlegten Mord. Anschaulich wird diese Steigerung in der biblischen Erzählung von Kain und Abel geschildert. Kain und Abel sind Brüder. Was sie am Anfang voneinander unterscheidet, ist nur dies, daß sie verschiedene Berufe haben: Abel ist Hirte, Kain ist Ackerbauer. Beide Brüder sind fromm; jeder bringt daher Gott sein Opfer dar. Der Hirte Abel opfert von seiner Herde, der Bauer Kain vom Ertrag seiner Ernte. Aber ausgerechnet hier, am Altar, kommt es zum Auseinander und schließlich zum tödlichen Gegeneinander der beiden Brüder. Der erste Mord in der Geschichte der Menschheit, wenn man so will, ist ein ideologischer Mord.

Gott sieht das Opfer Abels gnädig an, das Opfer Kains dagegen sieht er nicht an. Warum Gott das Opfer des einen annimmt und das des anderen verwirft, wird nicht gesagt, sondern nur erzählt, welche Folgen dies hat. Die augenscheinliche Zurücksetzung durch Gott erweckt in Kain Neid. Und da dreht er durch: *Da ergrimmte Kain sehr und senkte finster seinen Blick.* Besser läßt es sich kaum ausdrücken: Kain kann seinen Bruder einfach nicht mehr sehen.

Gott versucht Kain zur Besinnung zu bringen. Doch dieser läßt sich nicht mehr aufhalten. Denn wenn das Signal erst einmal überfahren ist, dann gibt es kein Halten mehr. Und so rennt Kain in sein Unglück, besinnungslos und doch bedacht. Sein Neid wird jetzt hinterhältig. Er lockt seinen Bruder aufs freie Feld, wo sie niemand sieht – *Und es begab sich, als sie auf dem Felde waren, erhob sich Kain wider seinen Bruder Abel und schlug ihn tot.* Aber damit wird Kain seinen Bruder Abel nicht los. Aus den Augen, aus dem Sinn – das funktioniert nicht. Abel ist zwar tot – aber: *die Stimme seines Blutes schreit von der Erde gen Himmel.*

Dies ist einer der monumentalen Sätze der Bibel, der keine Erklärung verträgt. Ich vernehme daraus die Sehnsucht Max Horkheimers, daß der Mörder am Ende nicht über das unschuldige Opfer triumphieren möge. Die Antwort der Bibel darauf lautet: Es ist einer da, der das Blut der unschuldig Geopferten schreien hört. Einen „perfekten Mord" gibt es nicht – nicht, weil die Kriminalpolizei stets zur Stelle wäre, sondern weil Gott stets in Hörweite bleibt: *Da sprach der Herr zu Kain: ‚Wo ist dein Bruder Abel?'* Jetzt zeigt sich, nachdem Kain einmal das Signal überfahren hat, das unaufhaltsame Gefälle in seinem Leben: vom brennenden Neid über die gemeine Hinterlist zur zynischen Lüge. Auf die Frage Gottes, wo sein Bruder Abel sei, antwortet Kain schroff: *„Ich weiß es nicht"* – obwohl er sehr wohl weiß, daß dieser irgendwo verscharrt liegt, denn er selbst hat ihn gerade totgeschlagen. Und nicht genug, er fügt zur Lüge noch die zynische Frage hinzu: *„Soll ich meines Bruders Hüter sein?"*

Die Folge des Brudermordes Kains ist, daß er unstet und flüchtig wird auf Erden. Kain hat die Geborgenheit verloren, weil er – von Anfang an – kein Vertrauen hatte. Sein Mißtrauen und, aus diesem Mißtrauen geboren, seine Lebensangst waren der tiefste Grund seines Neides auf den Bruder und damit auch das Motiv für seinen Brudermord.

Dies sind die Stufen des Tötens. – Aber was heißt nun „nicht töten"?

Im Kleinen Katechismus sagt Martin Luther in seiner Erklärung zum Fünften Gebot: „Wir sollen Gott fürchten und lieben, daß wir unserem Nächsten an seinem Leibe keinen Schaden noch Leid tun, sondern ihm helfen und fördern in allen Leibesnöten." Damit hat Luther das in der Bibel formulierte Fünfte Gebot ins Positive gewandt. Aus dem Verbot des Tötens wird das Gebot der Hilfe zum Leben oder, wie Albert Schweitzer es ein für allemal gültig formuliert hat, der „Ehrfurcht vor dem Leben". Was „helfen und fördern in allen Leibesnöten" heißt, hat Jesus anschaulich im Gleichnis vom barmherzigen Samariter beschrieben und da-

mit selbst eine positive Auslegung des Fünften Gebots gegeben.
Der barmherzige Samariter bleibt kein Zuschauer angesichts einer konkreten leiblichen Not; er schwelgt auch nicht in Gefühlen oder beschränkt sich aufs gute Zureden, sondern handelt sachlich und realistisch. Er zeigt Verstand und Phantasie. Er legt dem Überfallenen zunächst einen Notverband an, dann setzt er ihn auf sein Reittier und bringt ihn in die Herberge zur weiteren Behandlung. Und nicht nur dies, er plant auch vernünftig vor: Er leistet eine Anzahlung und übernimmt, falls diese die Kosten nicht decken sollte, die Haftung für die endgültige Rechnung. So ist der barmherzige Samariter für alle Christen zum Vorbild der Nächstenliebe geworden – vom Johanniterorden über das Rote Kreuz bis hin zum Arbeiter-Samariterbund.
Aber angenommen nun, der barmherzige Samariter hätte ein öffentliches Amt bekleidet – er wäre Landrat in Jericho oder Landtagsabgeordneter von Judäa oder Polizeidirektor in Hebron oder Chefarzt des Kreiskrankenhauses von Nazareth gewesen –, dann hätte er das Gebot der Hilfe zum Leben damit, daß er dem Überfallenen die Wunden verbindet, ihn in die Herberge führt und dort der Fürsorge des Wirts übergibt, noch nicht erfüllt gehabt. Dann hätte er „kraft seines Amtes" noch mehr und anderes tun müssen. Er hätte für die Sicherheit der Straßen und für die Strafverfolgung der Täter, aber auch für Unfallhilfe, Krankenversicherung, Altersrente, Resozialisierung usw., kurzum für eine gerechtere Gesellschaft und eine menschlichere Welt Sorge tragen müssen – und dies alles im Gehorsam gegen dasselbe Gebot der Hilfe zum Leben, in dessen Befolgung er dem Überfallenen zunächst seine private, rein karitative Hilfe hat zuteil werden lassen. Damit kommt die gesellschaftlich-politische Dimension des Fünften Gebots in Sicht.
Hilfe zum Leben geht „notfalls" nicht ohne Anwendung von Macht und das heißt nicht ohne die gewaltsame Einschränkung von Leben, womöglich sogar nicht ohne Töten ab. An dieser Stelle liegt heute die entscheidende Problema-

tik des Fünften Gebots. Hier befindet sich die Christenheit spätestens seit dem Zweiten Weltkrieg in einem Lernprozeß. Die durch das Fünfte Gebot markierte „Fahrrinne" ist im Vergleich zu früheren Zeiten sehr viel schmaler geworden und damit die einst erlaubte oder auch nur unerlaubt angemaßte Navigationsbreite nur noch zu einer engen Durchfahrt. Ja, unter Christen wie Nichtchristen wächst die Zahl derer, die hier überhaupt kein Durchkommen mehr sehen.

Derselbe Luther, der in seiner Erklärung zum Fünften Gebot sagt, daß „wir unserm Nächsten an seinem Leibe keinen Schaden noch Leid tun, sondern ihm helfen und fördern sollen in allen Leibesnöten", kann in seiner Schrift „Ob Kriegsleute auch in seligem Stande sein können" gleichzeitig ungescheut erklären: „Weil das Schwert ist von Gott eingesetzt, die Bösen zu strafen, die Frommen zu schützen und Friede zu handhaben, so ist's auch gewaltiglich genug bewiesen, daß Kriegen und Würgen von Gott eingesetzt ist, und was Kriegesläuft und -recht mitbringt. Was ist Krieg anders, denn Unrecht und Böses strafen? ... Ob's nun wohl nicht scheinet, daß Würgen und Rauben ein Werk der Liebe ist, derhalben ein Einfältiger denkt, es sei nicht ein christlich Werk, zieme auch einem Christen nicht zu tun, so ist's doch in der Wahrheit auch ein Werk der Liebe ... Also auch, wenn ich dem Kriegeramt zusehe, wie es die Bösen straft, die Unrechten würget und solchen Jammer anrichtet, scheinet es gar ein unchristliches Werk zu sein und allerdings wider die christliche Liebe; sehe ich aber an, wie es die Frommen schützt, Weib und Kind, Haus und Hof, Gut und Ehre und Friede damit erhält und bewahret, so find't sichs, wie köstlich und göttlich das Werk ist. Denn wo das Schwert nicht wehret und Friede hielte, so müßte alles durch Unfriede verderben, was in der Welt ist. Derhalben ist ein solcher Krieg nicht anders denn ein kleiner, kurzer Unfriede, der einem ewigen, unermeßlichen Unfrieden wehret, ein klein Unglück, das einem großen Unglück wehret."

So kann heute kein Christ mehr sprechen. Mag sein, daß „notfalls" Gewalt angewandt und sogar getötet werden muß

– aber nie mehr darf solches Töten im Namen Gottes geschehen. „Gerechte Kriege" gibt es heute nicht mehr, freilich auch keine gewaltsamen „gerechten Revolutionen". Wer sich daran beteiligt, nimmt in jedem Falle Schuld auf sich, und auch wenn er an die Vergebung solcher Schuld durch Gott glaubt, so hüte er sich doch, auf Christi Kreide zu zechen.

Mag sich das Fünfte Gebot ursprünglich nur auf die private Sphäre bezogen haben, so ist es heute hohe Zeit, daß wir aus ihm endlich auch die längst fälligen Konsequenzen für den politischen und sozialen Lebensbereich ziehen.

Angesichts des vielfachen Todes in der Welt muß die Christenheit ein „Vortrupp des Lebens" sein gegen alles, was Menschen auf Erden den Tod zu bringen droht. Hilfe zum Leben bedeutet heute:

- daß Arbeitsverhältnisse geschaffen werden, in denen der Mensch nicht ausgebeutet und seine biologischen Kräfte nicht vorzeitig aufgezehrt werden;
- daß vorhandene Arbeit sinnvoll und gerecht verteilt wird;
- daß alle gewalttätigen Eingriffe in das Leben der Menschen wie Mord, Hinrichtung, Folter, Hunger, Plünderung und Krieg weltweit geächtet werden;
- daß Versöhnung nicht nur zwischen einzelnen Menschen, sondern auch zwischen Völkern möglich ist;
- daß auch in der Politik auf die Dauer Vertrauen besser ist als Kontrolle;
- daß es Gewaltverzicht nicht ohne Rechtsverzichte gibt und daß der Begriff „Verzichtspolitiker" aus einem Schimpfwort zu einem Ehrennamen wird;
- daß es dringender ist, die Randgruppen der Gesellschaft, die Behinderten, die Obdachlosen, die Alkoholiker, die Homosexuellen und die Drogensüchtigen, kurzum die sogenannten „Asozialen", in die Gesellschaft einzugliedern, als „Volksgruppen heim ins Reich" oder Gestein vom Mond auf die Erde zu holen;
- daß alle Menschen ohne Ansehen der Person die bestmögliche ärztliche Versorgung erhalten;

- daß die Reform des Strafvollzuges und die Behandlung der Geisteskranken sich aus einem Stiefkind in ein Schoßkind der Gesellschaft verwandelt;
- daß auch über dem angeblich „lebensunwerten Leben“ als Verheißung das Wort des biblischen Schöpfungsberichtes steht: „Gott schuf den Menschen nach seinem Bilde“;
- daß Lebensmüde durch eine rechtzeitige Betreuung vor dem Selbstmord bewahrt bleiben;
- daß die Menschen die Natur nicht sinnlos ausbeuten, sondern verantwortlich verwalten, und die übrige Kreatur nicht despotisch unterwerfen, sondern mit ihr solidarisch leben und leiden, wie diese es mit ihnen schon immer getan hat, und auf diese Weise sich die „Mitmenschlichkeit“ zur „Mitgeschöpflichkeit“ ausweitet;
- daß die Alten nicht aus der Gesellschaft verbannt und in Altersheimen isoliert werden, ähnlich der einstmals geübten Tötung durch Aussetzung;
- daß die Menschen schließlich Sterbehilfe erhalten, damit sie würdig sterben können, nicht in einsamer Qual sich selbst überlassen, sondern umgeben und geleitet von Menschen, so gut und so lange Menschen Mitmenschen auf dem Weg in die „totale Beziehungslosigkeit“ ein Geleit geben können.

Alles in allem: Hilfe zum Leben bedeutet in der gesellschaftlichen Praxis – medizinisch, sozial und politisch – die Schaffung von Verhältnissen, in denen der Tod zu dem werden kann, was er nach Gottes Willen sein soll: die Begrenzung des Menschen allein durch Gott. Die Aufhebung der totalen Verhältnislosigkeit im Tode ist allein Gottes Sache. Sache des Menschen aber ist es, durch die Gestaltung der gesellschaftlichen Verhältnisse dafür zu sorgen, daß die Menschen, wie Hiob sagt, *im Alter zu Grabe kommen, wie Garben eingebracht werden zur rechten Zeit.*
Christlicher Glaube – so sagen Christen gern – heiße Berge versetzen und das Unmögliche für möglich halten. Das ist

eine jener christlichen Übertreibungen, vor denen ich mich fürchte, weil ich sie so wenig durch Realität gedeckt sehe. Ich hielte es schon für viel, wenn die Christen im Glauben an das ewige Leben zwar nicht Berge versetzten, aber wenigstens einige Hügel abtrügen und so zwar nicht das Unmögliche möglich, wohl aber das Mögliche nicht länger mehr unmöglich machten. Weil Gott das Leben liebt, sollen auch wir unseren Mitmenschen zum wirklichen Leben verhelfen. „Wir sollen Gott fürchten und lieben, daß wir unserm Nächsten an seinem Leibe keinen Schaden noch Leid tun, sondern ihm helfen und fördern in allen Leibesnöten."

Du sollst nicht ehebrechen
Das Sechste Gebot

Von Guido N. Groeger

Die Literatur über die Ehe ist unübersehbar – dies im doppelten Sinn des Wortes: dem Blick in die Buchläden fallen entsprechende Titel auf – während dem Blick, der alles darüber Geschriebene erfassen möchte, Grenzen gesetzt sind. Will man gar zu den dogmatischen, wissenschaftlichen und populären Werken die Belletristik – Romane, Erzählungen, Gedichte – hinzunehmen, dann blickt man auf einen Ozean.
Das ist nicht verwunderlich. Die menschliche Geschichte, die Dramen des Alltags sind allgegenwärtig. Sie spielen sich auf einer Horizontalen und einer Vertikalen ab: der Horizontalen der Geschlechterbeziehung und der Vertikalen der Generationenbeziehung. Frauen und Männer, Eltern und Kinder sind auf diesen Linien miteinander verbunden wie mit dem Kreuzungspunkt beider.
Der Mensch in der Differenzierung der Geschlechter und in der Aufeinanderfolge der Generationen ist Ausgangs-, Mittel- und Endpunkt der menschlichen Geschichte; alles andere ist dem nachgeordnet. Also auch alles das, was die üblichen Geschichtsbücher füllt: Schlachten und Kriege, Eroberungen und Unterwerfungen, Gewalt und Terror, Grenzen und Gebiete, Nationen und Staaten.
So gesehen bildet sich vor einem Volks- und Staatsbewußtsein ein Heimatbewußtsein: durch Menschen, Sprachen, Landschaften. Dort liegen die Orte der Geschlechter und der Generationen, dort begegnen sich Männer und Frauen, werden Paare und auch Eltern, haben Kinder, die sich neu als Frauen und Männer begegnen – bisher hat dieser Kreis-

lauf noch nicht geendet. Ohne ihn gäbe es tatsächlich alles das nicht, was die Geschichtsbücher füllt. Wir können daraus ablesen, wie ungeheuer Faszination und Macht des Geschlechts wie der Geschlechtlichkeit, der Sexualität, sind. Dadurch erklärt sich auch die unübersehbare Fülle der Literatur, einschließlich der Religions- und Gesetzbücher. Denn jede Zeit und jede Bevölkerungsgruppe brauchte Regeln für diese Bereiche. Davon gibt es keine Ausnahme, wenn es auch Unterschiede und Gemeinsamkeiten innerhalb der Regelungen verschiedener Völker gibt. Die für uns wichtigste Gemeinsamkeit ist die innerhalb von Jahrtausenden eingetretene Umkehr des Verhältnisses von Familie und Ehe. Das, was wir heute unter Ehe verstehen, war über lange Zeitläufe hinweg gewissermaßen von der Familie aufgesogen. Heute, geschichtlich gesehen ein ganz neuer Zustand, besteht die umgekehrte Situation: die Ehe hat sich zu einer eigenständigen Ordnung entwickelt und dauert über die Familienphase eines Paares hinaus an, also über die Zeit, in der Kinder geboren und erzogen werden. In einer Reihe von Ehen, mit oder ohne Trauschein, gibt es auch kinderlose erste Jahre – ein völlig neues Phänomen, das auf die Empfängnisverhütung und die Selbständigkeit der Frau zurückgeht.

Diese Veränderungen bringen neue Wertungen mit sich, so auch für das alte Gebot *Du sollst nicht ehebrechen*. Wahrscheinlich ist es uralt. Im Bereich der christianisierten Völker – aber nicht nur bei diesen – hat es eine große Rolle gespielt und die Rechtsprechung entscheidend bestimmt. Dabei wurde der Ehebruch juristisch ausschließlich als außerehelicher Geschlechtsverkehr definiert. Dieser war, bis zur Einführung des neuen Eherechts in der Bundesrepublik im Jahre 1977, absoluter Scheidungsgrund.

Damit ist nicht gesagt, daß dies ein einfacher oder akzeptabler Scheidungsgrund war. Da neben dem vorehelichen vor allem der außereheliche Sexualverkehr kirchlich wie gesellschaftlich verpönt und juristisch unter Strafe gestellt war – in der Bundesrepublik bis 1969 –, ergab sich eine entwürdigende Situation dann, wenn der sogenannte „betrogene“ Partner die Scheidung gegen den Willen des anderen erzwingen wollte: es mußte der außerehelichen Begegnung der tatsächliche Sexualakt, also das Eindringen des Penis in die Vagina, nachgewiesen werden.

Dabei war ursprünglich der Grund für die Verfemung keineswegs tatsächlich von der Ehe her bestimmt: Zur Zeit der Entstehung des Ehebruchverbots stand das Paar im Dienst der Familie, der Sippe. Und so wird auch das Verbot vom Interesse der Sippe her begründet: Die als legitim betrachteten Kinder waren Kinder der Familie, nicht des Paares. Dies bedeutete, daß die Frau in den Dienst der Familie des Mannes gestellt wurde. Ihre Aufgabe war es, Kinder zu gebären. Deshalb war Unfruchtbarkeit oder die Geburt von Töchtern ein Unglück, das oft mit der Entlassung, der Scheidung beantwortet wurde.

Familie wie Ehe waren und sind ja immer in die jeweiligen gesellschaftlichen Bedingungen eingebettet, zu denen auch die religiösen gehören. So gilt es auch für die Welt des Alten wie des Neuen Testaments. Die dort vorhandenen Sozialstrukturen waren eindeutig patriarchalisch, also vaterrechtlich bestimmt. In der Großfamilie war der Vater zugleich Sippenoberhaupt. Ein Mädchen wurde auf Grund von Familienverträgen Braut – und diese wurde dem Mann zugeführt, niemals umgekehrt. Sie wurde in die Sippe ihres Mannes eingegliedert, und damit wurde sie sein Besitz.

Vielleicht wehren wir einen solchen Gedanken ab, aber er ist durchaus biblisch. Luther hat ihn, nach dem Text im Buch Exodus, in seiner Fassung des Neunten und Zehnten Gebots festgeschrieben: *Du sollst nicht begehren deines Nächsten Haus, Weib, Knecht, Magd, Vieh oder alles, was sein ist.*

Das patriarchalische Denken in den Kategorien der Großfamilie und des Besitzes erforderte mit einer ihm entspringenden Logik u.a. das Verbot des Ehebruchs. Die Familienherkunft der Kinder mußte sichergestellt werden. Dies betraf, ebenfalls folgerichtig, in erster Linie die Frau. „Der Mann kann die eigene Ehe nicht brechen; als Ehebruch gilt nur die geschlechtliche Gemeinschaft einer verheirateten oder verlobten Frau mit einem anderen Mann. Wird ein solcher Ehebruch aufgedeckt, so trifft beide, den Mann wie die Frau, die Todesstrafe durch Steinigung. – War die beteiligte Frau jedoch nicht eine Freie, sondern eine Sklavin, so kommt der Mann mit einem Schuldopfer davon[1]."

Dieses Zitat ist dem 1960 erschienenen „Lexikon zur Bibel" entnommen. Aber die hier sich offenbarende doppelte Moral hat sich, zumindest unterschwellig, bis heute gehalten: die Frau darf nicht, der Mann darf – oder muß wegen angeblich polygamer Veranlagung. Wichtig ist, daß diese Unterscheidung zum einen auf jene alte soziale Ordnung zurückgeht, die dem Mann mehr sexuelle Rechte einräumte, zum andern auf ein biologisches Faktum: daß es Sicherheit nur hinsichtlich der Mutter gibt, sie ist in jedem Fall feststellbar, während das für den Vater nicht gilt. Erst in heutiger Zeit kann dies mit entsprechenden aufwendigen Untersuchungen in den meisten Fällen nachgewiesen werden. Eine Zeit, die dies nicht konnte, hatte deswegen den Ehebruch der Frau kriminalisiert.

Bei der Aufstellung des Ehebruchverbots hat aber nicht nur eine Rolle gespielt, daß die Frau der Gewalt des Mannes unterstellt und als sein Besitz strengen sexualethischen Gesetzen unterworfen war. Vielmehr wirkte sich auch aus, daß Besitz überhaupt einen hohen Wert besaß. Der Besitz einer Sippe diente gewiß zuerst dem Leben und Überleben, konnte aber auch über das Notwendige hinausgehen und verschiedene Formen des Reichtums annehmen, der gleichzeitig Macht repräsentierte. Die von Familien abgeschlossenen Eheverträge regelten demgemäß vor allem die Verteilung materieller, finanzieller und sozialer Güter.

Dieses Verfahren hat sich bis heute im Eherecht erhalten. Das Bürgerliche Gesetzbuch befaßt sich in diesem Zusammenhang vor allem mit wirtschaftlichen Fragen. „In dieses Bild paßt auch, daß in einer Zeit, in der weniger mitgebrachter Besitz als vielmehr die eigene Arbeitsfähigkeit die Grundlage der Existenzversorgung bildet, die Zahl der Ehescheidungen zunimmt." Hierzu paßt auch, daß „Gesellschaften, in denen Besitz eine geringe Rolle spielt, auch der Ehe eine nebensächliche Bedeutung beimessen[2]".

Bisher war von zwei wesentlichen Gründen für das Verbot des Ehebruchs die Rede: von der Sicherung der Legitimität des Nachwuchses in der jeweiligen Großfamilie sowie von der Rechtsordnung des Patriarchats und der Besitzverhältnisse. Wie aber ist es mit dem bestellt, was wir Liebe nennen und was sich im christlichen Bereich der Welt als Gebot des israelischen Gottes niedergeschlagen hat?

Männliche und weibliche Menschen haben sich natürlich über Hunderttausende von Jahren hinweg als Paare verbunden und Gemeinschaften gebildet – ob sie sich geliebt haben, wissen wir nicht. Zweifel hieran sind erlaubt. Vielleicht hat es so etwas wie ein auf die Mitglieder der Sippe bezogenes Schutzbedürfnis und -verhalten gegeben. Von den zwei Millionen Jahren, in denen das Wesen Mensch auf der Erde lebt, überschauen wir nur den winzigen Teil von ein paar Jahrtausenden – die Geschichte der christlichen Liebe umfaßt davon nur zwei. Vielleicht müssen wir übrigens statt „Geschichte" nur, bescheidener, Proklamation der christlichen Liebe sagen.

Nun, wir Heutigen verstehen unter Liebe eine personale Beziehung von höchstem Wert. Sie basiert auf dem Akzeptieren des anderen Menschen, so auch des Ehepartners, so wie er ist. Dies zu akzeptieren ist schwer. In der Eheberatung taucht immer wieder das Verlangen eines der Partner oder beider auf, der Therapeut möge doch dazu verhelfen, daß der jeweils andere sich ändere, und zwar gemäß den eigenen Wünschen und Vorstellungen. Aber abgesehen davon, daß der einzige Mensch, den jemand ändern kann, nur er selber ist, kommt in solchen Forderungen eine Mißachtung des anderen Menschen zum Ausdruck. Dazu ein Zitat eines Theologen: „Die Akzeptation, das heißt: Annahme des anderen, ist nicht davon abhängig, ob der andere bereit ist, so zu werden, wie ich ihn will, damit ich mich ihm zuwenden kann – sondern das Ja Gottes gilt dem Menschen so, wie er ist, und erwirkt in dieser Nachfolge jener Botschaft von der Vorurteilsfreiheit der Liebe das beispielhafte Handeln des Menschen am Mitmenschen[3]."

Wenn die Worte des Jesus von Nazareth gegen die Scheidung unter diesem Aspekt betrachtet werden, so können sie als Aufforderung, diese Liebe zu leben, verstanden werden. Das Alte Testament hatte ja dem Mann die Möglichkeit der Scheidung eingeräumt: er war nur verpflichtet, der Frau einen Scheidebrief zu geben. Gegenüber der Verstoßung der Frau war dies ein Fortschritt. Daß Jesus dann auch den Scheidebrief ablehnte, bedeutete, daß er Mann und Frau mit gleichem Maß gemessen hat, daß er das einseitige Besitzrecht in ein gegenseitiges verwandelte. Damit wurde die patriarchalische Ordnung, wenn auch nicht aufgehoben, so doch durchbrochen: der Weg zu einer personalen Beziehung wurde möglich.

Es hat dann allerdings fast noch zwei Jahrtausende gedauert, bis diese Anstöße für Gleichwertigkeit und Gleichberechtigung sich durchsetzten. Gebremst wurde nicht nur von denen, die an den alten Strukturen der Gesellschaft ein vehementes Interesse hatten, den Mächtigen und den Männern, sondern auch von den Kirchen. Die Zuerkennung gleichen Rechtes für Frauen und Männer erfolgte bei uns erst nach dem letzten Kriege, und die Praktizierung der proklamierten Gleichheit läßt immer noch sehr zu wünschen übrig. Auch die Anerkennung gleichen Wertes beider Geschlechter steht noch auf schwachen Füßen. Aber die Wandlungen und ihr Einfluß sind unverkennbar.

Damit hat auch der Ehebruch in seiner bisherigen Definition eine Veränderung erfahren. Neben der Gleichberechtigung, die beiden Geschlechtern gleiche Handlungsmöglichkeiten einräumt, haben dazu vor allem zwei Faktoren beigetragen: die relativ sichere Handhabung der Empfängnisregelung und die der Frau grundsätzlich eingeräumte Möglichkeit, für sich selbst zu sorgen. Damit ist nicht nur ein neues Selbstverständnis der Frau verbunden, sondern auch eine neue Bewertung der Sexualität.

Diese Bewertung läßt sich nach zwei Seiten hin feststellen: einmal hat der Geschlechtsverkehr, also die seelisch-körperliche Liebe, einen personalen Charakter bekommen, auch wenn diese Möglichkeit nicht immer eingelöst wird. Zum anderen wird der Wert der Sexualgemeinschaft in dieser selbst gesehen, unabhängig von der Zeugungs- bzw. Empfängnismöglichkeit. Darüber hinaus aber hat die Sexualität ihr bisheriges Übergewicht verloren. Sie besaß es vornehmlich wegen der Verbote und Reglementierungen. Die Sexualität ist damit relativiert worden.

Zusammen mit der neuen Wertung der Ehe als personaler Gemeinschaft ist es aber auch dazu gekommen, daß unter einem Ehebruch keineswegs mehr nur der sexuelle Kontakt mit einem anderen Partner verstanden wird. Vielmehr ist deutlich geworden, daß eine Ehe durch verschiedenartige Verletzungen der gewünschten und erhofften Treue bedroht ist. Denn zum Ehebruch kann alles werden – von der Vereinsmeierei bis zu der Einstellung eines Ehemannes, der 20 Jahre kommentarlos das von seiner Frau gekochte Essen zu sich nahm und, als er auf seine Stummheit angesprochen wurde, erklärte: „Wenn es mir nicht schmeckte, würde ich es schon sagen."

Ich denke, es ist auch wichtig zu erwähnen, daß der außereheliche Geschlechtsverkehr nicht etwa die Ursache für eine Ehestörung ist, sondern umgekehrt: er ist vielmehr Symptom für eine schon bestehende, aber nicht bewältigte Störung. Dazu wieder eine Erfahrung aus Eheberatung und Paartherapie: Es ist immer wieder überraschend und bestürzend, wie wenig Paare sich über die wirklich elementaren Probleme ihrer Beziehung aussprechen. Dann müssen Konflikte und Kontroversen an Vordergründigem festgemacht werden.

Aber, so ist jetzt zu fragen, verletzt es nicht die Liebe, wenn einer der Partner eine Nebenbeziehung, zumal sexueller Art, eingeht? Gewiß: die Liebe wird verletzt. Es ist jedoch ein Irrtum – wenn auch ein weit verbreiteter – anzunehmen, man könne auf Dauer zusammenleben, ohne sich Verletzungen zuzufügen. Das ist nicht das Entscheidende. Wesentlich ist, wie ein Paar damit umgeht. Die alte Moral, die sich im Gebot niederschlug, machte ein Verbot daraus. Das Problem war damit natürlich nicht gelöst. Die Konsequenz war Verschweigen und Vertuschen. Damit aber wurde die Ehe belastet und wird es weiterhin, wo immer eine solche Beziehung verschwiegen wird. Weil der andere Partner trotzdem spürt, daß etwas nicht stimmt, verstärken sich die Störungen – das kann bis zur Sprachlosigkeit gehen.

Wenn nun aber so oder so die Liebe verletzt wird, weil andererseits das Verschweigen die Sache nicht aus der Welt schafft, wohl aber ihre Bewältigung letztlich unmöglich macht, kann die Konsequenz nur die sein, um der bestehenden Liebe willen Versuchung und Versagen zur Sprache zu bringen. Davor zucken die meisten zurück: „Das erträgt meine Frau – mein Mann – nicht ... Ich muß sie – ihn – schützen." Aber wer sich hier schützt, aus Angst, ist immer nur der Verschweiger. „Ja, aber wenn dann unsere Beziehung, unsere Liebe kaputt geht ...?" Wird das befürchtet, dann müssen die Störungen schon erheblich sein, besteht schon Entfremdung. Es kann sowohl sein, daß die außereheliche Beziehung den Zerfall der Ehe signalisiert, wie es sein kann, daß sie zu einem Neubeginn der Ehe herausfordert.

Nun gibt es ja auch die Auffassung, daß die Scheidung ein, wenn nicht der Ehebruch sei. Die katholische Kirche verbietet die Scheidung, nur der Tod kann eine Ehe lösen. Ausnahmen, durch das oberste römische (kuriale) Ehegericht zu entscheiden, gibt es nur bei Nachweis einer von Anfang an festzustellenden Nichtigkeit der Ehe. Anders die evangelischen Kirchen: sie anerkennen die Scheidungsmöglichkeit mit der Begründung, daß es die Macht der Sünde gebe und weil Ehepartner „den Sinn der Ehe verfehlen und mit ihrer Ehe scheitern" können. Daher müsse, um der betroffenen Menschen willen, auch der Staat ein Scheidungsrecht besitzen.

Letztlich können aber sowohl das Ehe- wie auch das Schei-

dungsrecht wie auch die kirchlichen Stellungnahmen nur Äußeres regeln, Rahmenbedingungen schaffen. Das ist grundsätzlich notwendig. Aber das Eheleben selbst entzieht sich dem. Gestaltung und Bewahrung der Ehe sind mittlerweile den jeweiligen Partnern übergeben.
So hat die Ehe einen privaten, intimen und individuellen Charakter angenommen. Damit hat sich auch, zwangsläufig, die Einstellung zu dem alten Ehebruchsgebot verändert. Hinsichtlich der Sexualität ist es relativiert worden, während andererseits eine Sensibilisierung, eine verschärfte Wahrnehmung von Liebesverletzungen eingetreten ist. Im Blick auf die Ehe als Dauerinstitution ist zu beobachten, daß eine befriedigende Lebensgestaltung des einzelnen vielfach höher gewertet wird als das formale Durchhalten einer gescheiterten Ehe.
Wenn gefragt wird, was der Sinn des Lebens ist, so lautet für mich die Antwort: nichts anderes als das Leben selbst. Gleiches gilt für die Ehe. Schon Kant stellte es fest: allein die Ehe ist Zweck und Wesen der Ehe – vor und neben allen politischen und kirchlichen Zielen.

[1] Rienecker u.a., Lexikon zur Bibel, Wuppertal 1960
[2] Koschorke, Martin, in: Familien- und Lebensberatung, Stuttgart/Berlin 1975
[3] Thilo, Hans-Joachim: Ehe ohne Norm? Göttingen 1978

Du sollst nicht stehlen
Das Siebte Gebot

Von Wolfgang Huber

Das Moralische, so sagen viele, versteht sich von selbst. Über manche Sätze innerhalb der Zehn Gebote, so folgern sie, braucht deshalb nicht ausdrücklich geredet zu werden. Das Verbot des Diebstahls gehört zu ihnen; denn es ist genauso eindeutig wie das Verbot der Lüge. Daß das Eigentum des anderen zu achten ist, gilt als ebenso klar, wie daß die Lüge verboten ist. Den Besitz des anderen zu achten, galt schon immer als der Inbegriff der Redlichkeit. Redlichkeit und Wahrhaftigkeit aber bildeten neben Pünktlichkeit und Ordnung die klassischen Erziehungsziele. Mag die Bewertung dieser Tugenden heute auch problematisch geworden sein: die Achtung vor der Wahrheit und vor dem Eigentum des anderen Menschen gelten noch immer – zumindest in der Theorie – als selbstverständlich. Liegt es daran, daß ich in einschlägigen Handbüchern der Ethik über das Diebstahlverbot kaum Interessantes gefunden habe?
Doch so schweigsam die Ethik über dieses Thema ist, so beredt ist das Recht. Das deutsche Strafrecht definiert Diebstahl folgendermaßen: „Wer eine fremde bewegliche Sache einem anderen in der Absicht wegnimmt, dieselbe sich rechtswidrig anzueignen, wird mit Freiheitsstrafe bis zu fünf Jahren oder mit Geldstrafe bestraft." An diese einfache Grundbestimmung schließen sich erst die komplizierten Fälle an. Auf den einfachen Diebstahl folgen der besonders schwere Fall des Diebstahls, der Raub, die Erpressung, Begünstigung und Hehlerei, Betrug und Untreue und so fort. Die Vielfalt dieser vom Strafrecht erfaßten Tatbestände zeigt, daß der Eingriff in das Eigentum eines anderen eine

allgegenwärtige Gefahr und Versuchung darstellt. Nur allzu verständlich ist es also, daß bereits zu den Grundregeln für das Zusammenleben des Volks Israel das Gebot zählte: *Du sollst nicht stehlen.*

Doch ist der Sinn dieses Gebots wirklich so eindeutig, wie es zunächst klingt? Ist damit wirklich die Achtung vor dem Eigentum des anderen Menschen gemeint? Viele Ausleger haben sich immer wieder mit der Schwierigkeit auseinandergesetzt, daß der Inhalt dieses Gebots sich mit demjenigen der letzten Forderungen des Dekalogs überschneidet. Denn wenn es dort heißt: *Du sollst nicht begehren deines Nächsten Haus;* und: *Du sollst nicht begehren deines Nächsten Weib, Knecht, Magd, Vieh* oder was es sei – dann wird ja noch einmal das Eigentum des anderen Menschen zum Thema gemacht. Sollte dieses Thema wirklich so gewichtig sein, daß es innerhalb der Zehn Gebote an zwei verschiedenen Stellen vorkommen muß?

Schon die alten jüdischen Schriftausleger, die Rabbinen, haben sich mit dieser Frage beschäftigt. Und die moderne Forschung am Alten Testament hat daran angeknüpft. Schon im jüdischen Talmud heißt es: „Wenn die Schrift lehrt: Raube nicht, so ist dies eine Warnung an den, der ein menschliches Wesen rauben will. Es handelt sich also um eine Warnung vor Menschenraub." Den nächstliegenden Kommentar zu diesem Gebot hat man dann in einer alttestamentlichen Gesetzesformulierung gefunden, in der es heißt: „Wer einen Menschen raubt – sei es, daß er ihn verkauft, sei es, daß man ihn bei ihm findet –, der soll getötet werden."

Gemeint ist also nach dieser Auslegung ein Angriff auf die Freiheit des Lebens. Damit schließt sich dieses Gebot nahtlos an diejenigen an, die ihm vorausgehen. War innerhalb der zweiten Tafel der Gebote zunächst von der Fürsorge für das Leben der altwerdenden Eltern, dann von dem Schutz des Lebens im ganzen, schließlich von dem Respekt vor der Lebensform der Ehe die Rede, so schließt sich nun die Anerkennung der Freiheit des Lebens an. Sie gilt als ebenso hoch zu bewerten wie das Leben selbst. Deshalb steht nach

dem alttestamentlichen Gesetz auf Menschenraub die Todesstrafe.
Was damit gemeint ist, wird im Zusammenhang der Geschichte Israels schnell deutlich. Man erinnert sich an den hinterhältigen Verkauf Josephs durch seine Brüder. Joseph wurde da einfach wie eine Sache behandelt, über die die Brüder meinten verfügen zu können – und zwar so, daß der Profit in ihre Taschen floß. Doch wo immer in Israel vom Menschenraub die Rede war, war zugleich anderes im Blick und in der Erinnerung: nämlich das Schicksal des Volkes Israel in der Sklaverei in Ägypten. Es ist das Volk der ehemaligen Sklaven, dem die Zehn Gebote gelten. Die Befreiung aus dem Sklavenhaus bildet den Hintergrund für die Regeln der Freiheit, mit deren Hilfe die geschenkte Freiheit bewahrt werden soll. Zu diesen Freiheitsregeln gehört es, daß ein Mensch den anderen nicht wie eine Sache behandeln darf, über die er verfügen könnte. Erst recht ausgeschlossen aber ist es, daß ein Mensch sich gewaltsam in den Besitz eines anderen bringen, daß er ihn mit Gewalt seiner Freiheit berauben dürfte.
Menschenraub: das Wort klingt altertümlich; doch die Sache ist aktuell wie eh und je. Flugzeugentführungen, terroristische Geiselnahmen und andere Formen des „Kidnapping“ werden uns durch anschauliche Fernsehbilder ins Wohnzimmer gebracht. Erschreckend war an derartigen Vorgängen während der letzten Jahre, daß hier der Raub von Menschen zum Mittel einer vermeintlich „politischen“ Strategie gemacht wurde. Und diese Strategie hatte Folgen, wenn auch andere, als ihre Erfinder proklamiert hatten. Regierungen wurden in Atem gehalten, Bürger verunsichert; die Forderung nach einem starken Staat wurde laut, nach der Einschränkung von Freiheiten, nach der Verschärfung des Strafrechts. Terroristische Gewaltsamkeit, so hieß die Einsicht, zieht die verschärfte Gewalt des Staates nach sich. Sie schadet dem Klima gesellschaftlicher Reform und belastet die Freiheitlichkeit der Rechtsordnung.

Geiselnahmen sind eine spektakuläre Form des Menschenraubs. Doch auch auf ganz unspektakuläre Form wird Menschen ihre Freiheit verweigert, wird ihr Leben zur Sache gemacht. Zum Terrorismus in seiner modernen Form gehört die Öffentlichkeit, die ihm das Fernsehen vermittelt. Folter dagegen geschieht in vielen Ländern der Welt nach wie vor, wenn auch unter Ausschluß der Öffentlichkeit. In vielen Ländern werden Menschen wegen ihrer politischen oder religiösen Überzeugungen ihrer Freiheit beraubt. Doch gefährdet ist die Freiheit von Menschen auch durch die Lebens- und Arbeitsbedingungen, die ihnen von einer Gesellschaft zugemutet werden, der Wachstum und Profit, Effizienz und Rationalität wichtiger sind als der menschenwürdige Charakter von Leben und Arbeit.

Raube nicht – das ist eine Warnung an den, der ein menschliches Wesen rauben will. Diese Auslegung des Satzes, in der christlichen Tradition bisher vergessen oder verdrängt, hat uns mehr zu sagen, als es im ersten Augenblick scheinen wollte. Doch ist diese Deutung wirklich ausreichend? Der Einwand liegt auf der Hand: Wenn mit diesem Gebot nur der Menschenraub gemeint wäre, dann hätte dies ausdrücklich gesagt werden müssen. Als Gebot müßte man dann erwarten: „Raube nicht einen Menschen". Doch überliefert ist das Gebot in der allgemeinen Form: *Du sollst nicht stehlen.*

Es muß deshalb in umfassendem Sinn gemeint sein. Es bezieht sich nicht nur auf Menschen, sondern auch auf Sachen: auf die Gegenstände, die Menschen sich aneignen, weil sie zum täglichen Leben nötig sind. Seit jeher wird das individuelle Eigentum der Menschen damit begründet, daß der Mensch durch Eigentum seine Freiheit wahrt und sichert. Deshalb steht das Eigentum im Zentrum jeder Rechtsordnung. Doch das alttestamentliche Gebot ist eben darin radikaler als die meisten Rechtssätze, daß es sich nicht nur auf die Sachen richtet, durch die Menschen ihre Freiheit zu sichern versuchen, sondern auch auf diese Freiheit selbst. Der Raub von Menschen und der Diebstahl von Sachen zusammen machen den Inhalt dieses Gebots aus.

Du sollst nicht stehlen: der Satz schließt also auch den Angriff auf Eigentum und Besitz ein. In diesem handfesten Sinn ist das Gebot gerade deshalb wichtig, weil seine Übertretung zum selbstverständlichen Bestandteil unseres Alltags geworden ist. Als eine beinahe allgemeingültige Regel scheint heute zu gelten: Je wichtiger jemand seinen eigenen Besitz nimmt, desto gleichgültiger ist er gegenüber dem Eigentum anderer. Gudrun Pausewang erzählt dazu eine Beobachtung aus der Schule, die man in allen Schulen und nicht nur in Schulen wiederholen kann: „Die Pause ist zu Ende, meine Klasse, ein viertes Schuljahr, läuft vom Hof in das Schulgebäude. Ein Kind ist den anderen weit voraus, zieht sich im Flur die Jacke aus, hängt sie auf einen Garderobenhaken und verschwindet im Klassenzimmer. Es hat nicht bemerkt, daß die Jacke vom Haken abgerutscht ist. Nun kommt der ganze übrige Schwarm angerannt, zieht die Jacken aus und hängt sie an die Haken. Dabei treten die Schüler vollkommen unbefangen, ohne das geringste Unrechtsbewußtsein, auf der am Boden liegenden Jacke herum. Als ob sie nicht da wäre. Niemand kommt auf den Gedanken, sie aufzuhängen. Als ich vorwurfsvoll auf sie zeige, bekomme ich im Brustton der Überzeugung zu hören: ‚Es ist doch nicht meine!'"

„Wir sind unser Besitz"; das ist der Leitsatz eines solchen Verhaltens. Und zu ihm gehört der andere: „Der Besitz des anderen ist mir gleichgültig." Gleichgültig sind deshalb erst recht öffentliche Güter oder Eigentum, das für anonym gehalten wird. Im Warenhaus stiehlt es sich deshalb so leicht, weil es nicht direkt ersichtlich ist, wem die ausgestellten Waren gehören. Die Steuer hinterzieht man deshalb spielend, weil die Gemeinschaft des Staates, dem sie eigentlich gehört, eine anonyme, unanschauliche Größe geworden ist. Privates Telefonieren im Büro, Materialbeschaffung in der Firma, das Erschleichen von ganzen oder halben freien Tagen, das geschickte Manipulieren von Versicherungsfällen: das alles gilt heute schon kaum noch als anrüchig, sondern eher als Zeichen durchschnittlicher Tüchtigkeit. In staatssozialistischen Ländern wird dafür hinter vorgehaltener Hand die Begründung weitergegeben: „Wer nicht stiehlt, schädigt seine Familie." Wer sich gegen solches Verhalten sperrt, gilt als moralisierender Sauertopf.

Der „Mangel an Unrechtsbewußtsein" in all solchen Verhaltensweisen ist keine Erfindung der Kinder, von denen Gudrun Pausewang erzählt. Von höchster Stelle wurde noch vor kurzem vorgeschlagen, alle, denen vorgeworfen wird, sie hätten bei der finanziellen Unterstützung politischer Parteien Steuern hinterzogen, sollten von der Strafverfolgung frei sein, weil es ihnen an Unrechtsbewußtsein fehle. Manipulierte Steuererklärungen und Bankskandale, illegale Transaktionen und Bestechungen gelten als weit weniger ehrenrührig als der Raub einer Handtasche auf offener Straße. Der kleine Dieb wird gedemütigt, der große Dieb verdient Respekt. Diese sonderbare Verkehrung ist nicht neu. Schon Martin Luther hat vor 450 Jahren in seinem Großen Katechismus auf sie aufmerksam gemacht: „Wenn man die Welt jetzt durch alle Stände ansieht, so ist sie nichts anderes als ein großer, weiter Stall voll großer Diebe. ... Ja, hier wäre noch zu schweigen von geringen einzelnen Dieben, wenn man die großen, gewaltigen Erzdiebe angreifen sollte, mit welchen Herren und Fürsten Gesellschaft machen, die nicht eine Stadt oder zwei, sondern ganz Deutschland täglich ausstehlen. ... Kurz, so geht's in der Welt, daß, wer öffentlich stehlen und rauben kann, der geht sicher und frei dahin, von jedermann ungestraft, und will dazu geehrt sein. Unterdessen müssen die kleinen, heimlichen Diebe, die sich einmal vergriffen haben, die Schande und Strafe tragen, jene aber rechtschaffen machen und zu Ehren bringen."

Die Warnung vor dem Diebstahl gewinnt also, wie schon Luther scharf gesehen hat, gerade dann Gewicht, wenn man nicht nur auf das Stehlen als individuelles Laster, sondern auf den Diebstahl als gesellschaftliche Struktur achtet. Luther hatte, wie seine Erläuterung schon zeigt, vor allem überhöhte Zinsen und Wucher vor Augen, wenn er von den großen Dieben sprach. Er hat sich damit Feinde gemacht –

wie auch heute jeder leicht Feindschaft auf sich zieht, der auf diebische Elemente in unserer Gesellschaftsordnung hinweist.
In der Bundesrepublik Deutschland leben wir seit Jahren bereits mit einer hohen Zahl von langfristig Arbeitslosen. Für die Mehrheit, die von diesem Schicksal nicht unmittelbar betroffen ist, ist die Verführung groß, sich an einen hohen Stand der Arbeitslosigkeit zu gewöhnen. Manche Zyniker werden in der hohen Arbeitslosigkeit ein Argument sehen, das es erleichtert, die Lohnsteigerungsquoten niedrig zu halten. Eine ganz andere Sichtweise wird dagegen nötig, wenn man sich die Frage stellt, inwiefern Arbeitslose beraubt werden. Ihnen ist die Möglichkeit genommen, ihren Lebensunterhalt durch eigene Arbeit zu verdienen. Doch nicht nur das: da in unserer Gesellschaft der Lebenssinn weithin noch immer durch die Arbeit vermittelt wird, wird mit der Arbeit zugleich der Sinn des Lebens geraubt. Gesellschaftliche Ungleichheit ist Diebstahl an Lebenschancen. Doch die Schuld daran schreiben sich in der Regel die Betroffenen selbst zu. Eine Gruppe von Arbeitslosen beschreibt ihre Situation mit folgenden Worten: „Je länger man arbeitslos ist, desto zermürbbarer ist man. Am schlimmsten ist wohl die Zukunftsangst, das Ungewisse, wie es weitergehen soll. Viele Arbeitslose geben sich selbst die Schuld für ihre Situation. Die Schuldgefühle führen zu Minderwertigkeitskomplexen und zu dem Dauergefühl, von den Problemen erdrückt zu werden. Diese Belastungen und die Angst vor den Behörden und vor wiederholten Absagen bei Bewerbungen verursachen gesundheitliche und körperliche Schäden. Viele Arbeitslose leiden unter Schlaflosigkeit, Magenbeschwerden, Angstgefühlen. Meist werden diese persönlichen Schicksale immer noch individuell zu lösen versucht: Durch Aggressionen gegen jedermann, durch Rückzug und Kontaktscheue oder durch Flucht in Alkohol, Medikamente oder Selbstmordgedanken."
In zugespitzter Schärfe hat der Schweizer religiöse Sozialist Leonhard Ragaz das Gebot *Du sollst nicht stehlen* mit ge-

sellschaftlichen Strukturen verknüpft. In seinem Katechismus heißt es: „Diebstahl sind finanzielle Machinationen zuungunsten der Masse. Diebstahl ist das Kapital, als Mittel und Zweck der Profitwirtschaft verstanden. Auch der Zins kann Diebstahl sein. Diebstahl ist alles nicht auf Arbeit begründete Einkommen. Diebstahl ist die Ausbeutung des Wohnens, der Kleidung, des Essens und Trinkens, des Spiel- und Genußtriebes der Menschen durch die Gewinnspekulation. Diebstahl ist ganz besonders die Aneignung von Grund und Boden durch wenige. Diebstahl ist die Wegnahme von Land, das einem Volk gehört, durch ein anderes Volk, also der ganze Imperialismus und vor allem das bisherige Kolonialsystem."

Mit solchen scharfen Sätzen hat Ragaz schon vor Jahrzehnten auf einen Zusammenhang hingewiesen, der uns heute noch massiver vor Augen tritt: auf den Gegensatz von Dieb und Bestohlenem im Verhältnis der Völker. Alle Anstrengungen der Entwicklungshilfe können nicht darüber hinwegtäuschen, daß unser gegenwärtiges Weltwirtschaftssystem nach wie vor die hochindustrialisierten Staaten einseitig bevorzugt. Zahlungen für Entwicklungshilfe bleiben weit hinter den Gewinnen zurück, die aus den Investitionen in Ländern der Dritten Welt und aus dem Handel mit ihnen gezogen werden. Eine einfache Zahl kann dies verdeutlichen. Nach amtlichen Angaben haben die westlichen Industrieländer seit dem Jahr 1956 in Form von Spenden oder Zuschüssen, Krediten oder technischer Hilfe etwa 950 Milliarden Dollar an Länder der Dritten Welt gegeben. Doch die aktuellen Schulden der Dritten Welt belaufen sich allein auf 669 Milliarden Dollar. Nicht ihre Möglichkeit zur eigenständigen Versorgung ist gestiegen, sondern ihre Abhängigkeit. Nicht wirtschaftlicher Wohlstand wurde gesteigert, sondern die wirtschaftlichen Gegensätze verschärften sich.

Die Ursachen reichen weit in die Epoche des Kolonialismus zurück. Ein Experte erläutert sie am Beispiel Indiens so: „Betrachtet man z. B. Indien, so existierte dort ein ausgewogenes Verhältnis zwischen einer gut entwickelten Landwirt-

schaft und dem ländlichen und städtischen Textil- und Metallhandwerk. Der britische Eingriff in Indien hatte für beide Länder Folgen: Aus der Kolonie kamen nicht nur notwendige Rohstoffe wie z. B. Baumwolle für die neuen Industrien nach England, sondern vor allem auch Kapital, das der industriellen Revolution einen beachtlichen Rückhalt bot. Um die Industrie in England zu fördern und Indien als Absatzmarkt für britische Produkte zu sichern, wurden die indischen Industrien zerstört. Dadurch waren die arbeitslos gewordenen Handwerker aus den Städten und Dörfern gezwungen, in die Landwirtschaft zu gehen. Die Boden- und Steuerpolitik der kolonialen Verwaltung führte in vielen Teilen zum Verlust des Besitzanspruchs der Bauern auf das von ihnen bewirtschaftete Land. Weitere Folgen waren eine Erhöhung der Bodensteuern und eine Konzentration der Ländereien auf wenige indische Großgrundbesitzer. Die durch solche kolonialen Prozesse entstandenen sozialen, politischen und wirtschaftlichen Strukturen bewirkten, daß der Reichtum sich in wenigen Händen konzentrierte und die Mehrheit der Bevölkerung verarmte. Diese Mechanismen bestimmen noch heute die Verhältnisse sowohl der Gesellschaftsschichten in den Entwicklungsländern selbst, als auch die zwischen den Entwicklungsländern und den Industrieländern. Die enorme Ungleichheit der Eigentumsverhältnisse garantiert eine weitere Verarmung des Volkes in den Entwicklungsländern."
Ungleichheit im eigenen Land wie Ungleichheit im Weltmaßstab: solche Erscheinungen unter der Perspektive des Diebstahls zu betrachten, ist unbequem. Denn unbequem ist es, nach Wegen zu suchen, wie Ungerechtigkeit im Kleinen wie Großen abgebaut werden kann. Doch die „zehn großen Freiheiten", an denen sich schon das Volk Israel orientierte, können dazu helfen, vor dieser Aufgabe nicht die Augen zu verschließen. Auf ihre Weise schärfen sie ein: wer Freiheit bewahren und gestalten will, muß sich um Gerechtigkeit als eine Bedingung der Freiheit bemühen.

Du sollst nicht falsch Zeugnis reden

Das Achte Gebot

Von Dorothee Sölle

Auf einem großen Wandteppich aus Haiti findet sich eine Darstellung der Zehn Gebote, die mich fasziniert. Auf einer Steintafel sind die römischen Ziffern von Eins bis Zehn aufgemalt. Ein weißer Mann in Anzug und Schlips, wohl ein Lehrer, erklärt den umstehenden Schwarzen und Weißen gerade das Erste Gebot. Er zeigt mit einem Zeigestock darauf; am Rand der Steintafel steht wie eine Überschrift „Droits de l'homme", die Menschenrechte.

Nach dieser Bilddarstellung haben die weißen Kolonisatoren den Schwarzen etwas Unveräußerliches gegeben – neben und in Widerspruch zu all dem Elend, das der weiße Mann über die Menschheit gebracht hat. Die Zehn Gebote Gottes vom Berge Sinai werden hier begriffen als die unveräußerlichen Rechte des Menschen. Es ist angemessen, diese Rechte des Menschen weniger als Verbote, Befehle oder Stimme des Über-Ich zu begreifen, sondern als Einladung zu einem menschlichen Leben; die Gebote sind eine Art Versprechen. „Du wirst nicht morden, du wirst nicht stehlen, du wirst niemanden sexuell benutzen", sagen sie.

Damit schützen sie zugleich den Menschen vor seinesgleichen. Am besten versteht derjenige die Gebote Gottes, den sie in einer bestimmten Situation nicht geschützt haben – der Beleidigte. Wer bestohlen wurde, weiß genau, wie richtig, wie notwendig, wie unverbrüchlich das gilt: Du sollst nicht stehlen, du sollst nicht zerstören, was ein Mensch auf-

gebaut hat! Nichts bezeugt die Wahrheit der Gebote, die das Schutz brauchende Leben meint, so sehr wie die Empörung, die Bitterkeit und der Haß der Entrechteten. Wenn ich an die Menschen in Haiti denke, die das Gebot „Du sollst nicht stehlen" in einer Missionsschule lernen, so stelle ich mir die Bitterkeit derer vor, denen alles gestohlen wurde: ihre Bodenschätze, ihre Ernten, ihre Häfen, ihre Freiheit, ihre Religion, ihre Kultur. Was es mit einem Gebot auf sich hat, wird abgelesen am Belogenen, nicht am Lügner; am Betrogenen, nicht am Ehebrecher; am Ermordeten, nicht am Mörder; am Behandelten also, nicht am Handelnden.
Wer ist denn der Behandelte beim Achten Gebot, das von Wahrheit und Lüge und von der Macht der Zunge, des Wortes handelt? Es lautet: *Du sollst kein falsch Zeugnis reden wider deinen Nächsten!* Oder in einer genaueren Übersetzung: *Du wirst nicht als falscher Zeuge aussagen gegen deinen Nächsten* (Dtn 5,20).
Ich will von drei verschiedenen realen Situationen ausgehen, in denen die Bedeutung dieses Menschenrechts auf Wahrheit deutlich wird. Diese Situationen sind selbstverständlich historisch sehr verschieden. Im alten Israel hatte das Achte Gebot seinen Sitz im Leben in der Rechtsprechung des Volkes. Der Zeuge war in dieser Rechtspraxis nicht eine Person neben anderen, sondern von der allergrößten Bedeutung. Es gab damals ja keine Polizei mit den ihr eigenen Aufgaben, Verbrechen zu verhindern und sie, wenn geschehen, aufzuklären. Die Methoden der Untersuchung über begangenes Unrecht waren noch nicht sehr weit entwickelt. Vor allem aber: es gab keinen Unterschied zwischen dem Gesetzgeber, der Regierung, der Verwaltung und dem Gericht. Die moderne Unterscheidung der drei Gewalten Legislative, Exekutive und Judikative, eine Unterscheidung, die zu den Grundlagen der Demokratie gehört, gab es nicht. Die rechtlichen Konflikte wurden „im Tor" geregelt, unter dem Bogen des Stadttors, von den Ältesten oder vom König. Auch die Bestrafung der Übeltäter fand dort statt. Es war eher ein Schiedsgericht als ein Prozeß, wie wir ihn kennen.

In dieser Situation spielte der Zeuge eine außerordentliche Rolle: seine Aussage war praktisch das wichtigste Mittel der Wahrheitsfindung. Ein falscher Zeuge, den niemand anders widerlegen konnte, bedeutete unter Umständen den Verlust von Ehre und Besitz, oft auch des Lebens für den Angeklagten oder den Prozeßgegner. Darum mußte „im Tor" die Wahrheit gesagt werden, ohne Kompromisse, ohne Verschweigen. Wer im Gericht verlor, obwohl er im Recht war, dem konnte nur noch Gott zu seinem Recht helfen, wie es oft in den Psalmen bezeugt wird, wenn der Beter Gott anfleht: *Schaffe mir Recht, Gott!* Das Gebot *Du wirst nicht als falscher Zeuge aussagen gegen deinen Nächsten* sorgt in diesem Sinne dafür, daß das Vertrauen der Menschen zueinander erhalten bleibt und das Rechtsempfinden nicht durch Lügen oder Manipulationen zerstört wird.
Dieser Sinn des Gebots hat heute zum Beispiel Anwendung auf die Praxis vieler Geheimdienste in Ost und West, die sogenannte Zivildienstbeamte als Spitzel in Bürgerrechtsgruppen einschmuggeln und die z. B. bei einer Friedensdemonstration versuchen, Jugendliche zu Gewalt zu provozieren, um so die ganze Bewegung unter Kontrolle zu bekommen. Solche Praktiken des Verfassungsschutzes widersprechen klar dem Sinn des Achten Gebots.
Ich will eine andere historische Situation, in der das Gebot eine besondere Bedeutung hatte, herausgreifen. Das ist die der Reformation. Luther hat in seinen Auslegungen des Katechismus mehrfach Stellung genommen: „Eine friedsame, heilsame Zunge, die niemand schadet und jedermann frommt, die die Uneinigen versöhnt und die Verlästerten entschuldigt und verficht, das ist Wahrheit und Einfältigkeit in Worten. Da gehören her alle Lehren vom Schweigen und Reden, das des Nächsten Ehre, Recht, Sache und Seligkeit antrifft." So lautet Luthers kurze Erklärung des Achten Gebots.[1] Im Mittelpunkt von Luthers Verständnis steht nicht so sehr der Rechtsprozeß als die öffentliche Ehre und das Ansehen von Menschen. „Ehre und guten Ruf, die wir auch nicht entbehren können." So wie das Fünfte Gebot *Du sollst*

nicht töten das Leben schützt, die Gesundheit, die Unversehrtheit des Leibes, so schützt das Achte Gebot unseren Ruf, unseren sozialen Leib, unseren Leumund bei den Leuten. Luther denkt hier einmal an die nachbarschaftlichen Verhältnisse in kleinen Ortschaften, wo Klatsch und Tratsch, Gerücht und Vermutung einem Menschen die Ehre nehmen können.

Der andere Lebensbereich, von dem aus Luther überlegt, was die Zunge, dieses kleinste und schwächste Glied am menschlichen Leibe, alles anrichten kann, ist die öffentliche Auseinandersetzung, das heißt für Luthers Zeit der religiöse Disput. In einem geistigen Streitgespräch zwischen dem alten und dem neuen Glauben ging es ja auch damals nicht liebenswürdiger oder fairer zu als heute; die Vertreter der neuen Auffassungen wurden persönlich diffamiert. Luthers Ehe, seine Eß- und Trinkgewohnheiten sind Gegenstand des Klatsches, der bewußten und gezielten Verleumdung gewesen; man wollte ihn fertigmachen auf jede Weise, genauso wie es heute mit Vertretern der Theologie der Befreiung geschieht: sie werden als Abtrünnige, Kommunisten oder Spinner verleumdet. Bei Luther liest sich das so: „Denn wo fromme Prediger und Christen sind, die haben vor der Welt das Urteil, daß sie Ketzer, Abtrünnige, ja aufrührerische und verzweifelte Bösewichte heißen."

Afterreden oder Verleumdungen nennt Luther diese Art von falschem Zeugnis reden. Sie zerstört das Klima des Vertrauens unter den Menschen. In diesem Zusammenhang macht Luther eine Unterscheidung zwischen Privatheit und Öffentlichkeit, die in die frühbürgerliche Kultur hineingehört. Luther ist ja selber mit dem Papst keineswegs zimperlich umgegangen, hat ihn vielmehr theologisch und moralisch leidenschaftlich attackiert. Er meint aber, das Gebot gegen die Verleumdung des Nächsten sei „von heimlichen Sünden gesagt", nicht von der öffentlichen Diskussion von Dingen, die durchaus bekannt sind und belegt werden können. Er sieht es daher nicht als Verletzung des Achten Gebots an, „daß wir jetzt den Papst mit seiner Lehre strafen, so öffentlich in Büchern am Tag gegeben und in aller Welt ausgeschrien ist". Diese Unterscheidung scheint mir sehr zutreffend, auch wenn Luther sich selber vielleicht nicht immer an sie gehalten hat. Es ist in der Tat ein Unterschied, wenn eine bekannte Persönlichkeit sich über das schwierige Verhältnis des amerikanischen Präsidenten zu seinen Kindern in der Öffentlichkeit ausläßt oder aber über die Pläne des Pentagon und des Präsidenten für einen auf Europa begrenzten Atomkrieg spricht.

Es gibt natürlich Grenzbereiche, wo es sehr schwierig wird, die Unterscheidung zwischen erlaubtem und notwendigem öffentlichen Angriff und vom Achten Gebot verbotener persönlicher Anschuldigung klar zu treffen. Dafür noch ein Beispiel aus den USA: Während der ersten Regierungsperiode Reagans gab es einen Versuch des Präsidenten, unterstützt von extrem fundamentalistischen Gruppen von Christen, das Schulgebet an öffentlichen Schulen wiedereinzuführen. Dieses Gebet war in den 60er Jahren als verfassungswidrig abgeschafft worden. Die Diskussion ging zwischen liberalen und konservativen Argumenten hin und her. Einige Journalisten wunderten sich über die zur Schau gestellte religiöse Besorgnis des Präsidenten und stellten fest, daß er fast nie zur Kirche geht. Sie zählten nach, daß er seit seinem Amtsantritt höchstens fünf Mal in der Kirche war. Ich mußte in dieser Zeit einen Artikel schreiben und war mir nicht klar, ob ich die Information verwerten sollte. Einerseits ist sie zutreffend und rundet das Bild ab, daß Ronald Reagan nicht ein gläubiger Christ ist – wie vermutlich sein Vorgänger Carter –, sondern daß er bestimmte kirchliche Kreise geschickt für seine Zwecke benutzt. Andererseits war es mir zuwider, die Kirchbesuche Reagans zu zählen und so zu tun, als sagten sie etwas über Glauben oder Nicht-Glauben aus! Ich war in einem echten Zwiespalt, sozusagen in einer ethischen Grauzone. Ich habe mich dann mit anderen Christen darüber beratschlagt und bin ihrem Rat gefolgt. Ich habe das Faktum genannt, ohne ihm allzugroße Bedeutung beizumessen. Aber ganz wohl ist mir bis heute nicht.

Die Frage, die man sich im Sinne des Achten Gebots stellen soll, ist, ob die Aussage dem Nächsten schädlich oder nützlich ist. Diese Frage wird aber noch einmal differenziert, wenn ich überlegen muß, wer denn in einer bestimmten Situation mein Nächster ist. Ist das Herr Reagan im Weißen Haus oder ist das die schwarze Putzfrau in meiner Universität, die von ihm an der Nase herumgeführt wird? Wem bin ich denn in einer bestimmten Situation verantwortlich? Ich denke, als Schreibende eher den weniger Privilegierten, denen, die wenig Zugang zu Information und Meinungsbildung haben, den Armen. Die, die belogen werden und sich oft nicht wehren können, fordern mich am meisten heraus, die Wahrheit, so weit ich sie erkennen kann, zu verbreiten.
Damit bin ich schon bei der gegenwärtigen Lage und der Frage, inwiefern das Verbot der dem Nächsten schädlichen Lüge heute wichtig ist. Ich denke, daß dieses Achte Gebot heute seine unmittelbare Bedeutung im Bereich der Massenmedien hat und wir von diesem Gebot aus Anfragen an die in den Medien Arbeitenden stellen müssen.
Vor kurzem sah ich in einem renommierten liberalen Wochenblatt eine Landkarte Mittelamerikas, auf der die kleinen Länder dort politisch eingeordnet waren. Bei El Salvador stand z. B. „Bürgerkrieg", bei Costa Rica „Demokratie". Bei Nicaragua, ein Land, das ich ganz gut kenne, stand „Marxistische Diktatur im Aufbau". Diese Benennung, wenige Zeit nach den nach Aussage aller Beobachter demokratischen Wahlen, ist eine Propagandalüge, es ist eine Verletzung des Gebots, nicht falsch Zeugnis zu reden wider seinen Nächsten. Es ist ein Versuch, den amerikanischen Krieg gegen dieses kleine Land zu rechtfertigen. Es ist Teil einer großen Ideologie, die außer den Systemen der USA und der Sowjetunion nichts zur Kenntnis nehmen will. Diese Großideologie, die uns zu mehr Rüstungswahnsinn und die Armen zu mehr Elend verurteilt, ist vielleicht das wichtigste, was wir heute im Auge haben müssen, wenn wir zum Verbot der Lüge und der Verleumdung und zum Gebot der Vertrauensstiftung und der Bemühung um Wahrheit etwas sagen wollen.

Es gab in der Bundesrepublik eine heftige Diskussion über den Jahrestag des 8. Mai 1945, den Tag der Kapitulation Hitlerdeutschlands: Wie soll er begangen werden, welche Wörter sollen gebraucht werden – ist es die deutsche Katastrophe, der Zusammenbruch, ist es der Frieden, die Befreiung? „Du sollst nicht falsch Zeugnis reden, das deinem Nächsten Schaden bringt“ bedeutet in diesem Zusammenhang für mich, die Wahrheit über das, was Deutsche in Osteuropa getan haben, nicht zu verschweigen. Immerhin haben 20 Millionen Russen im Krieg durch Hunger, Verschleppung, Ermordung ihr Leben gelassen. Das wird bei uns gern verdrängt; statt dessen spielen die eigenen, schließlich von Hitlers Politik verursachten Leiden eine ungeheure Rolle. Es gibt eine grauenvolle Art der Aufrechnung, die Leute sagen: „Ja sicher, die Nazis ... aber die Russen waren noch schlimmer.“ Das ist falsches Zeugnis wider den Nächsten, eine Umkehrung von Ursache und Folge, eine Beleidigung der Toten. Damit wird ein Klima der Lüge, der Verleumdung und der Selbstgerechtigkeit hergestellt, das schon einmal die katastrophalen Folgen gehabt hat.
Ich will aber noch eine andere Erfahrung, die ich in den letzten Jahren gemacht habe, zur Diskussion stellen. Ich bin aktiv in der europäischen und der nordamerikanischen Friedensbewegung und habe in den letzten drei Jahren immer wieder Interviews zu den Fragen des Friedens und der Überrüstung gegeben. In diesen Gesprächen ging ich von einer mir unbewußten, aber wichtigen Voraussetzung aus, daß nämlich der Befrager und die Befragte durch ein gemeinsames Interesse miteinander verbunden seien, sozusagen auf gemeinsamem Grund stünden. Ich dachte, beide seien an der Wahrheit interessiert. Ich meinte, auch der Interviewpartner wäre interessiert daran zu erfahren, ob die Pershing II zum Erst- oder Zweitschlag da wären, wieviel Giftgas in Deutschland jetzt lagert, ob die Soldaten bei einem Manöver den sogenannten Feind oder die Zivilbevölkerung im Auge haben usw. Die Erfahrung in vielen Gesprächen hat mich aber gelehrt, daß diese Voraussetzung einer gemein-

samen Suche nach der Wahrheit gar nicht gegeben ist. Im Regelfall ist der Befrager nicht im geringsten an der Wahrheit interessiert, sondern hat eine ganz andere Frage im Hinterkopf, die Frage: Bist du erfolgreich? Wirst du es schaffen? Wie groß ist denn die Macht der Leute, für die du hier sprichst? Wer steht denn eigentlich hinter euch – da doch die Banken, das Militär und die Regierung nicht hinter euch stehen? Wer seid ihr denn eigentlich? Was wollt ihr denn überhaupt ausrichten?

Die meisten Interviewer haben also die Frage nach der Wahrheit durch die Frage nach dem Erfolg ersetzt. Ich brauchte ziemlich lange, um das wirklich zu verstehen. Es bedeutet für mich, daß ich zunächst einmal um den Raum kämpfen muß, in dem die Frage nach der Wahrheit überhaupt erscheinen darf. Ich muß gegen den Zynismus der Macht angehen und die Wahrheitsfähigkeit des Mediums erst einmal wiederherstellen. Denn in der Tat ist es eine furchtbare Beleidigung des Nächsten, wenn ihm die Wahrheit nicht zugemutet wird. *Du sollst nicht falsch Zeugnis reden wider deinen Nächsten* bedeutet heute, daß wir ein Klima des Vertrauens herstellen, in dem sich Menschen miteinander auf die Wahrheitssuche machen können. Die Frage „Bist du erfolgreich?“ zerstört dieses Klima von Grund auf. Ich vermute, daß der gefährlichste Feind der Wahrheit heute nicht so sehr in den unmittelbaren Lügen – sei es vor Gericht, wie im alten Israel, sei es in der entstehenden bürgerlichen Gemeinde wie zu Luthers Zeit — lauert. Der gefährlichste Feind der Wahrheit ist der Erfolg: daß wir nämlich die Wahrheit gar nicht mehr wahrnehmen, weil wir uns vom Erfolg blenden lassen.

Wenn das zutrifft, dann bedeutet das Achte Gebot heute ungefähr dies: Du wirst nicht als falscher Zeuge aussagen gegen deinen Nächsten. Du wirst nicht behaupten, daß das winzige Nicaragua die Vereinigten Staaten bedroht oder ein Sicherheitsrisiko darstellt. Du wirst deine Maßstäbe nicht am Erfolg ausrichten, nicht sagen: gut ist, was Erfolg hat, was viel gekauft wird, was viel kostet, was viel bringt. Du wirst die Wahrheitsfrage nicht abdrängen in die Erfolgsfrage. Du wirst nicht, wie manche Gremien in den Kirchen in Deutschland, fragen: Ist z.B. eine Stellungnahme für den Frieden oder gegen den Rassismus konsensfähig, sondern du wirst fragen: Ist es wahr? Du wirst dich erinnern, daß Jesus von Nazareth auch nicht konsensfähig war.

Die Gebote haben ja, indem sie uns voreinander schützen, auch den Sinn, uns zu erziehen und unser Gewissen zu bilden. Gewissensbildung hängt mit der Wahrheitsfähigkeit von Menschen zusammen. Du wirst also nicht falsch Zeugnis reden wider deinen Nächsten, der verhungert und verelendet, und sagen: Die Leute sind selber schuld, warum vermehren sie sich so ungezügelt?! Du wirst nicht sagen: Dieses neueste Mordinstrument brauchen wir, auch wenn noch mehr Millionen verhungern.

Du wirst nicht lügen über das Leben deines Nächsten, den du nicht mit Bomben füttern kannst, und nicht über dein eigenes Leben, das ohne Wahrheit sich selbst verkrüppelt. Das Klima der Wahrheit, die Gewißheit, daß wir die Wahrheit finden können und sie uns frei machen wird von dem Zwang, andere zu zerstören und zu beleidigen, ist so notwendig wie die Luft, die wir atmen. So notwendig und so vergiftet wie die Luft, die wir zur Zeit atmen.

[1] Luthers Werke, hrsg. von K. Clemens, Berlin 1954, Bd. 2, S. 16

Du sollst nicht begehren
Das Neunte und Zehnte Gebot

Von Tobias Brocher

Du sollst nicht verlangen nach dem Weibe deines Nächsten. Du sollst nicht begehren nach dem Hause oder Acker deines Nächsten, nach seinem Sklaven oder seiner Sklavin, nach seinem Rinde oder seinem Esel, nach irgend etwas, was dein Nächster hat (Ex 20,17).

Das ist der Wortlaut des Neunten und Zehnten Gebots. Wie können wir es heute verstehen? Täglich werden uns in der Werbung, in Schaufenstern, auf Plakaten, in Zeitungen und Zeitschriften immer wieder neue Verlockungen angeboten, die unser Begehren wecken sollen. Im Urtext aber handelt es sich keineswegs darum, begehrliches Verhalten im allgemeinen auszuschließen. Vielmehr geht es um ein Verbot, etwas dem Nächsten Gehörendes an sich zu bringen.

Dabei wird heute vergessen, daß ursprünglich, wie noch bis heute, im orientalischen Raum die Frau mit zum Besitz des Mannes gehörte. Gelang es jedoch den Reichen und Mächtigen damals, mit durchaus legalen Mitteln, den ärmeren Nachbarn durch Kreditvorgaben so in materielle Schulden zu verstricken, daß er zahlungsunfähig wurde, so fiel dem Gläubiger der gesamte Besitz und damit auch die Frau des Schuldners zu. Daher gilt es im Orient bis heute als grobe Ungehörigkeit, etwa die Schönheit der Frauen eines Gastgebers zu preisen, weil dies bereits als Verlangen angesehen wird, das in den persönlichsten Bereich des Nächsten eingreift. Jedes Kompliment dieser Art, an das wir vielleicht in unserer Kultur als Höflichkeit oder Bewunderung gewöhnt sind, ist dort absolut fehl am Platze.

Obwohl heute in westlichen Gesellschaften sich fast jede

Frau über die im Neunten Gebot ursprünglich enthaltene Vorstellung entrüsten würde, daß sie zum Besitz des Ehemannes gehört, nach dem kein anderer Mann verlangen darf, bleibt die gesellschaftliche Vorbedingung erhalten, daß Reichtum eine Verlockung darstellt.
Diese Art von Begehren wird heute fast ausschließlich sexuell verstanden, obgleich im Neunten und Zehnten Gebot ganz anderes gemeint ist: Handlungen, die in ihren Konsequenzen dazu führen, sich anderer auf eine Weise zu bemächtigen, daß ihr Besitz, ihre Lebensgrundlage und oft genug damit auch die Frau demjenigen zufällt, der seine Macht entsprechend anwenden kann. Nicht nur zu Zeiten König Davids, der Bathseba begehrte und ihren Mann an einen anderen Ort befahl, um sein Verlangen zu befriedigen, geschah dies.
Der unmißverständliche, ursprüngliche Sinn des Neunten Gebots war ohne Zweifel darauf gerichtet, den Armen, dessen schöne Frau der begehrliche Blick des Reichen getroffen hatte, vor der drohenden Gefahr der legalen Enteignung im Rahmen der Schuldhaftungsregelungen zu schützen. Denn zu diesen Zeiten bedeutete nach den Gesetzen der Verlust des Besitzes zugleich, daß auch die Frau den Besitzer wechselte, um dem Gläubiger ihres Mannes nicht nur als Arbeitskraft, sondern wohl auch sexuell zur Verfügung zu sein. Das Gebot setzt diese mögliche Wirklichkeit bis heute unverändert voraus, und sie existiert weiterhin, wenn auch in kulturell und sozial sehr viel stärker verschleierter Form.

Die Rolle der Frau hat sich, außer in den Ländern des Orients, gewandelt. Was auch immer unter dem Begriff der Gleichberechtigung heute verstanden wird, oft genug kommt das eigene Begehren der Frau dem Verlangen des außenstehenden Dritten entgegen, weil die westlichen Kulturen den orientalischen Besitzanspruch des Mannes nicht mehr anerkennen. Dennoch wird in vielerlei Abhängigkeitsverhältnissen auch heute noch deutlich, wie leicht die Versuchung auftritt, im Verhältnis Mann – Frau die überlegene wirtschaftliche Position des Mannes für sein eigenes Begehren zu nutzen. Dabei wird der jeweils beteiligten Frau oft nicht voll bewußt, in welchem Ausmaß ihr verringerter Widerstand mit der wirtschaftlichen Überlegenheit des Begehrenden zusammenhängt. Oft genug kommt dann noch die Angst vor dem Verlust der errungenen Stellung bei Frauen hinzu.

Für uns heute bedeutet das Neunte Gebot ein Aufgeben jener Freibeuter-Mentalität, die jede Frau als Objekt für eigene Zwecke sieht, um auf diese Weise eine echte Gemeinsamkeit und partnerschaftliche Bemühung um das Du zu umgehen, – ein Fluchtweg, der im Haben- und Besitzenwollen, in der Gier nach der Verfügbarkeit des anderen Menschen Bemächtigungstendenzen offenbart, die in Verlust und Leere enden müssen. Dadurch werden Wiederholungen fast zum Zwang, weil von dem Begehrenden die Wahrheit über sich selbst nicht mehr ertragen werden kann.

Jeder Lebensweg verläuft sicher zwischen Freiheit und Versuchung. Auch jeder Mensch kann stolpern oder sich verirren. Dabei geht es in diesem Gebot nicht etwa um Gedanken oder Wünsche, obgleich sie durchaus Vorboten eines besseren Selbstverständnisses für jeden sein können, der ehrlich mit sich selbst umgeht. Vielmehr bezieht sich das Gebot auch heute noch auf das Handeln.

Sicherlich herrscht in unserer heutigen Gesellschaft die Ansicht vor, es sei nur recht und billig, sich zu nehmen, was sich bietet. Kaum einer wird nicht die Gelegenheit nützen, in einer kränkelnden Ehe eines Paares bei entsprechendem Begehren, die eigenen Bedürfnisse zu befriedigen. „Bis daß der Tod euch scheidet“ sei in der heutigen Zeit nicht mehr absolut zu setzen und eigentlich genauso auf eine längst gestorbene Beziehung anwendbar. Schließlich sei die Lebenserwartung inzwischen so gestiegen, daß ein Auseinanderleben durch verschiedene persönliche Entwicklung der Partner wahrscheinlicher würde. Wer bemüht sich da, Menschen in einer absterbenden oder auseinanderfallenden Beziehung neu füreinander sehend zu machen und nicht seinem eigenen

Begehren im Handeln Raum zu geben? Es geht ja schließlich um die eigene Selbstverwirklichung, und Rücksichtnahme wäre in diesem Fall doch altmodisch.
Der Sinn des Neunten Gebots steht tatsächlich in engem Zusammenhang zum Zehnten Gebot: *Du sollst nicht begehren nach dem Hause oder Acker deines Nächsten, nach seinem Sklaven oder seiner Sklavin, nach seinem Rinde oder seinem Esel, nach irgend etwas, was dein Nächster hat.* Das klingt wirklich sehr biblisch fern. Paßt es aber in unsere Konkurrenz- und Leistungsgesellschaft, die den großen Erfolg anerkennt, einen Konkurrenten wirksam ausgeschaltet und im Konkurs sein Eigentum fast geschenkt übernommen zu haben? Das Gebot richtet sich nicht gegen Diebstahl, sondern wiederum gegen die Ausnutzung wirtschaftlicher Macht. Die Witwe, die von einer kargen Rente leben muß, wird ausgebeutet durch gewissenlose Hausbesitzer, die ihr und anderen erhöhte Mieten abfordern. Das Profitbegehren von Grundstücksbesitzern, die ihre Häuser abreißen lassen, beraubt verarmte Menschen ihres letzten Heimes, das sie verlassen müssen. Die Begehrlichkeit vieler Industriebetriebe, genannt erfolgreiche Konkurrenz, raubt nicht nur dem Nächsten die natürlichen Lebensquellen, sie zerstört die Natur, Pflanzen und Tiere bis zur Vergiftung und zum Tod oder zur Schädigung durch schleichend langfristig wirkende Schadstoffe.
Die Verbindung mit dem Zehnten Gebot wird erst dann ersichtlich, wenn wir es als selbstverständlich hinnehmen, daß die Gewinnträchtigkeit sich im Grunde auf die Ausbeutung des Nächsten gründet, der dadurch sein Lebensrecht mindestens zum Teil verliert. In dieser verwalteten Welt wird dann auch der verhängnisvolle Spaltungsprozeß erkennbar, der fast wie eine Krankheit der Gesellschaft anmutet, wenn das Bekenntnis zum christlichen Glauben auf der einen Seite betont wird, während gleichzeitig durch die Abspaltung des Bewußtseins die Wirklichkeit der christlichen Gebote im praktischen Handeln verleugnet und als unerheblich vergessen wird. Denn es gilt nach wie vor im sozio-kulturellen Zu-

sammenhang als Tüchtigkeit und Erfolg, das Hab und Gut des schwächeren Nächsten an sich zu bringen, wenn sich eine Gelegenheit dazu bietet. Die Übernahme eines in Konkurs geratenen Betriebes, gleich welcher Art, bedeutet, daß alle Mitarbeiter und alles, was dem Nächsten zu eigen war, einem neuen Besitzer zufällt. Die den beiden letzten Geboten zugrundeliegende Unerbittlichkeit des Schuldregelungsprinzips ist unverändert erhalten.

Gesellschaftlich hat dies deshalb größere Auswirkungen, weil die Verstärkung von Abhängigkeit, so sehr sie auch nach rettender Sorge aussehen mag, die persönliche Bereitschaft zur Verantwortung des einzelnen verringert. Macht, Geltung, Geld und Gier führen dann zu jener Beziehungslosigkeit, die ein Gefühl der Leere hervorruft, weil Begehren immer nur etwas für sich selbst will ohne die Liebe zum Nächsten. Das Verlangen nach des Nächsten Hab und Gut und nach seinem Weibe verrät einen Besitzanspruch, hinter dem die zerstörerische Aggression lauert, die den Nächsten im Grunde verachtet, um sich selbst zu erhöhen. Begehren ist fern von der Liebe, weil es kein Du kennt, sondern nur einen niemals zu sättigenden Ich-Anspruch. Am Ende eines Menschenlebens bleibt auch dem Reichen nichts von Macht oder Besitz. So erfolgreich ihm sein Lebensweg durch die Aneignung der Besitztümer seines Nächsten auch erscheinen mag, sein Leben bleibt leer ohne die Fähigkeit zur Liebe, die stets die Sorge einschließt.

Die Mahnung, einander arm oder reich in Liebe und Gemeinschaft des Lebensweges ohne Begehren nach der Habe des Nächsten zu begegnen, bleibt im Neunten und Zehnten Gebot auch heute unverändert erhalten. Nur werden wir uns bemühen müssen, diese Mahnung neu zu verstehen, um besser zu erkennen, in welchem Ausmaß wir im täglichen Handeln immer wieder dagegen verstoßen.

Ein letztes Beispiel aus unserer Zeit kann verdeutlichen, welche Auswirkungen ein solches Begehren haben kann. Johannes F. und Klaus M. waren vor zwanzig Jahren Klassenkameraden und eng miteinander befreundet. Als sie Studenten waren, verliebten sie sich ausgerechnet in das gleiche Mädchen: Brigitte R. Da Johannes F. aus einer wohlhabenden Familie stammte, meinte er sich seines Werbungserfolges sicher sein zu können: Klaus M.'s Eltern lebten in einfachen Verhältnissen und konnten ihren Sohn kaum unterstützen. So mußte Klaus aus Mangel an Mitteln sein Studium abbrechen. Großzügigerweise griff Johannes mit einem langfristigen Kredit seinem Freund unter die Arme, so daß Klaus sein Studium doch noch beenden konnte und es ihm mit Johannes' Hilfe auch gelang, einen kleinen technischen Betrieb aufzubauen. Zu Johannes' großer Überraschung entschloß sich Brigitte zu diesem Zeitpunkt dazu, Klaus zu heiraten. Für Johannes eine schlimme Enttäuschung.

Obwohl er äußerlich scheinbar hilfsbereit blieb, setzte er seine ganze wirtschaftliche Macht ein, um Klaus mit seinem Betrieb zur Strecke zu bringen. Es gelang ihm mit Hilfe seines väterlichen Erbes, den Grundstückskomplex zu erwerben, auf dem Klaus' Betrieb aufgebaut worden war. Als nächsten Schritt erreichte Johannes durch seinen Einfluß auf die Kommunalpolitik der Stadt eine Neuplanung des erworbenen Geländes. Nach dem Abriß der alten Häuser sollte dort ein Einkaufszentrum entstehen. Klaus legte Protest ein und verlangte Ersatz, wurde aber von Johannes auf die bei ihm gemachten Schulden hingewiesen und aufgefordert, die Summe samt Zinsen zurückzuzahlen, da er selbst jetzt das Geld brauche. Scheinbar großzügig erließ er Klaus diese Schulden als Ausgleich für den Verlust seines Betriebes. Damit war die selbständige Existenz von Klaus vernichtet, und ohne Chance auf eine Anstellung aufgrund der örtlichen Arbeitsmarktsituation verfiel Klaus in tiefe Depressionen.

Wiederum half Johannes scheinbar großzügig und stellte Brigitte in seiner Firma ein. Damit war die wirtschaftliche Not abgewendet.

Klaus mußte durch seine Erkrankung in ein psychiatrisches Landeskrankenhaus eingewiesen werden und lebt dort heute noch. Johannes trifft Brigitte aus geschäftlichen Gründen

jeden Tag. Er kümmert sich in sehr warmherziger Art um sie.
Sicher: eine besonders traurige Lebensgeschichte. Es gibt viele ähnliche Schicksale; es gab sie auch in der Vergangenheit. Sie machen deutlich: Diese Gebote richten sich auf die stets fortbestehende Wirklichkeit des Menschen. Sie erzeugen diese Wirklichkeit nicht; diese Wirklichkeit ist vielmehr vorhanden, zumindest als Versuchungsmöglichkeit, in fast jedem von uns. Wir müssen aber fragen, inwieweit uns diese Tatsache auch heute noch bewußt wird, wenn wir ihre Bedeutung für unser Zusammenleben verleugnen. Allzuleicht nämlich wird nur der Hinweis auf Verbotenes gesehen, wodurch die Verlockung um so größer wird, weil es manchen gerade besonders reizt, das Verbotene zu tun. Der eigentliche Sinn wird aber dadurch verkannt, denn wie könnten wir wirklich mit der menschlichen Natur so umgehen, daß unser Zusammenleben nicht dauernd gefährdet würde, wenn wir nicht unser Bewußtsein wach halten würden für jene triebhaften, angeborenen Wünsche der Aggression gegenüber dem Nächsten zur Erlangung eigener Vorteile?
Menschliche Liebe zum Nächsten wie zu sich selbst ist der eigentliche Schlüssel zum tieferen Verständnis dieser letzten Gebote. Vom rein Biologischen her gesehen hätten wir kaum eine Chance, in einer menschlichen Welt zu überleben, solange die neo-darwinistische Einstellung, daß sich stets nur die biologisch Stärksten durchsetzen könnten, zu einer Ideologie wird, deren Anwendung Faschismus und Diktaturen mit ihren nachweisbaren Unmenschlichkeiten hervorrufen.
Das göttliche Wissen um die Mühsal der Kreatur, jene Grenzen bewußt anzuerkennen, die menschliches Zusammenleben und Überleben gewährleisten, mahnt uns in den Zehn Geboten an jene Leidenschaften, Rücksichtslosigkeiten und egoistischen Versuchungen, die zu Zerstörung, Tod und größerem Leid führen würden, wenn wir nicht fähig wären zur Liebe.

Ein Grundgesetz für Mensch und Tier?

Von Wolfgang Wickler

Die Zehn Gebote gelten in unserer abendländischen Kultur als Inbegriff und Grundlage der Sittlichkeit. Eine Verhaltensvorschrift, die nicht absurd ist und doch einem der Zehn Gebote zuwiderläuft, ist schwer vorstellbar. Das rührt daher, daß diese Gebote ja nur Rahmenvorstellungen liefern. Nicht lügen, nicht stehlen, nicht töten, nicht ehebrechen – das sind zunächst alles Leerformeln, die noch mit Inhalt gefüllt werden müssen, indem man näher festlegt, was denn Lüge, Diebstahl oder Ehebruch ist. Diese Auslegung ist noch nicht gleich mitgeliefert und fällt auch von Ort zu Ort oder von Jahrhundert zu Jahrhundert verschieden aus. Das ist nicht nur bei den Zehn Geboten, sondern bei allen Gesetzen so, und darin liegt ein Hauptproblem der Rechtssprechung. Auch eine allgemeine Fahr-Regel im Straßenverkehr müßte heißen „Du sollst nicht auf der falschen Straßenseite fahren!" „Falsch" ist in England rechts, bei uns links.

So sind auch die Zehn Gebote nicht dazu da, jede Handlung eindeutig beurteilen zu können; wohl aber zeigen sie die kritischen Stellen im sozialen Zusammenleben an, typische Problemfelder, die eine spezielle, für alle Mitglieder der Gemeinschaft verbindliche Regelung erfordern. Unvermeidlich stoßen in einer Gemeinschaft die berechtigten Interessen der Mitglieder zuweilen aufeinander: der Vorteil des einen bedeutet nicht auch einen Vorteil für die anderen, oft sogar einen Nachteil für einige andere oder für die Allgemeinheit insgesamt. Und es sind auch ganz charakteristische Bereiche, in denen die Möglichkeit (oder die Gefahr) auftaucht, andere zu übervorteilen: So zum Beispiel ihnen zutreffende

oder falsche Mitteilungen zuzuspielen; das Eigentum zu respektieren; bei Meinungsverschiedenheiten bis zum Töten des anderen zu eskalieren, statt sich vorher zu einigen, usw. So betrachtet, wird klar, daß diese Schwachpunkte in jeder Gemeinschaft auftreten werden. Und das ist tatsächlich so. Je genauer Verhaltensforscher das soziale Zusammenleben von Tieren untersuchen, seien es Affengruppen, Löwenrudel, Papageientrupps, Buntbarschfamilien oder Insektenstaaten, desto klarer tritt zutage, wie sehr auch sie der Gefahr unterliegen, daß Individuen, die den eigenen Vorteil verfolgen, die Gemeinschaft, also die anderen, schädigen; und zwar indem sie falsche Informationen übermitteln, in Kämpfen eskalieren, Nistmaterial oder Futter stehlen, Paarpartner abspenstig machen usw. Das mag zunächst verwunderlich klingen. Denn man hatte doch bislang angenommen, in der Natur ginge es geordnet zu und die Tiere wären instinktiv gegen die Fehler abgesichert, die sich der Mensch zuschulden kommen läßt. „Fehler“ freilich nicht vom Standpunkt des Individuums, das seinen Vorteil erzielt, sondern vom Standpunkt der anderen, die dabei Nachteile einhandeln. Das passiert regelmäßig an eben jenen genannten, im Zusammenleben automatisch sich ergebenden Schwachstellen der Interessenkonflikte.
Daraus ergeben sich nun zwei Konsequenzen, die mir für den Menschen wichtig scheinen: Erstens bestehen die genannten Interessenkonflikte nicht erst, seit es Menschen gibt; die Schwachstellen im Sozialleben entstehen aus unvermeidlichen Sachzwängen und entspringen nicht einer überirdischen, gegen den Menschen gerichteten Gesetzgeberlaune. Den Katalog dieser Problemstellen hat nicht erst Moses vom Sinai in die Welt gebracht; es gab ihn nachweislich schon vor Moses. Es gab ihn aber sogar schon, bevor es Menschen gab, im Prinzip – wenn auch nicht in Worte gefaßt – seit es sozial lebende Lebewesen auf der Erde gibt.
Das heißt aber zweitens auch, daß die Gefahr, eigene Vorteile zum Schaden anderer zu verfolgen – oder, anders ausgedrückt, gegen unsere Regeln der Gerechtigkeit zu versto-

ßen –, nicht erst mit Adam ihren Anfang nahm. Was man bislang gern als Folge der Ursünde des ersten Menschen ausgegeben hat, nämlich unsoziales Verhalten, das gab es längst, ehe die Menschen auf der Erde erschienen.

Allerdings gab es vor dem Menschen nicht das, was wir Gesetze nennen. Auch die von uns so bezeichneten „Naturgesetze" sind keine Vorschriften, die vom Forscher wie von einem Gesetzgeber erlassen wurden. Naturgesetze versuchen, einen allgemeinen Sachverhalt möglichst präzise zu beschreiben. Findet sich dann vom Naturgesetz abweichendes Verhalten bei Tieren, so erfordert das eine Umformulierung dieses Naturgesetzes. Verhalten sich hingegen Menschen anders, als es das moralische Gesetz verlangt, dann ist das Verhalten falsch und muß sich ändern.

Das moralische Gesetz des Menschen fordert mehr, als das Naturgesetz vorgibt. In welcher Weise die Naturgesetze den Rahmen für die moralischen Gesetze bilden, ist allerdings noch nicht geklärt. Dieses Grundproblem für den Gesetzgeber ist für einen Biologen, der sich mit Untersuchungen tierischer Sozietäten befaßt, zunächst ohne Bedeutung. Die Frage wird allerdings dann akut, wenn man tierische Sozietäten mit menschlichen vergleicht oder wenn man gar erwartet, in tierischem Verhalten nützliche Vorbilder für menschliches Verhalten zu entdecken.

Was bedeutet es nun allerdings konkret, wenn Tiere gegen die Interessen ihrer Gruppen- oder Familienmitglieder handeln, um sich dadurch einen eigenen Vorteil zu verschaffen? Auf Spitzbergen haben Forscher Eisfüchse beobachtet, darunter auch Mütter mit ihren Jungen. Die Jungen werden zuerst von der Mutter ernährt, die ihnen Beute zuträgt und dann normalerweise selbst mit dem Fressen wartet, bis die Jungen genug haben. Jedenfalls besteht eine Hemmung, die Jungen einfach wegzubeißen, auch wenn die Mutter selbst hungrig ist. Jedoch kam es vor, daß, wenn es sich um besonders leckere Beute handelte, die Mutter ihre eifrig fressenden Jungen dadurch verscheuchte, daß sie den Feind-Alarmruf ausstieß, woraufhin die Jungen sofort im Bau verschwanden. Die Mutter begann dann selbst zu fressen. Wen erinnert das nicht an die Eltern, die abends ihre Kinder mit der Drohung ins Bett scheuchen, wenn sie nicht alsbald schlafen gingen, hole sie der schwarze Mann?

Das probate Verfahren, Konkurrenten mit einem falschen Feindalarm in Deckung zu schicken, wenn es um leckeres Futter geht, findet sich auch bei anderen Tieren.

Ein anderes Beispiel: Wie sieht es mit Eigentum und Besitzverhältnissen aus? Einander fremde Tiere streiten sich meist um das, was mehrere zugleich haben wollen. Besitz bleibt dann nur das, was man gerade noch mit Zähnen und Klauen gegen andere Interessenten verteidigen kann. Es gibt aber auch Eigentum, das dem Besitzer von den anderen zugestanden wird, obwohl sie es auch gern hätten.

Die interessantesten Untersuchungen dazu verdanken wir Prof. Kummer von der Universität Zürich, der sie an freilebenden Pavianen durchgeführt hat. Männliche Paviane haben einen Weibchenharem, und unverpaarte Männchen versuchen trotzdem nicht, Weibchen aus dem Harem zu stehlen. Das wird in folgendem Versuch sehr deutlich: In einem abgegrenzten Gebiet gibt man einem Pavianmännchen ein Weibchen, das er nicht kennt. Ein anderes Männchen darf hinter einem Gitter zusehen, wie sich das Männchen zu dem Weibchen setzt und sie sich zu lausen beginnen. Nach einiger Zeit wird das Gitter entfernt, und dann zeigt sich, daß das „Zuschauer-Männchen“ keinen Versuch macht, sich dem Weibchen zu nähern, sondern eher danach strebt, das Paar nicht zu stören, sich abseits hält, woanders hinblickt usw. Man kann denselben Versuch auch umgekehrt machen, so daß Besitzer und Zuschauer vertauscht sind. Das Ergebnis ist dasselbe: Der Zuschauer anerkennt die Besitzverhältnisse und versucht nicht, das begehrte Weibchen dem anderen wegzunehmen.

Statt mit einem Weibchen kann man den Versuch auch mit begehrtem Futter machen. Auch dann wird, sobald die Besitzverhältnisse klar sind, das Eigentum respektiert; Rangordnungsvorteile sind dafür nicht entscheidend, wie der

Rollentausch ausweist. Voraussetzung ist aber in jedem Fall, daß die potentiellen Rivalen einander individuell kennen. Auf diesen Punkt kommen wir noch zurück.

Die Standard-Formel unserer Zehn Gebote heißt: Du sollst nicht stehlen, lügen, töten, ehebrechen. Eine Ausnahme macht das Vierte Gebot; da steht: Du sollst die Eltern ehren. Das klingt, als wäre hier aktive Nächstenliebe gefordert. Außerdem verheißt nur dieses Gebot eine Belohnung: „auf daß es dir wohlergehe und du lange lebest auf Erden." Die anderen Gebote tragen den Lohn direkter in sich, er beruht sozusagen auf Gegenseitigkeit, denn bei Stehlen, Lügen oder Morden kann man ja jederzeit auch Opfer, nicht nur Täter sein. Aber ebenso wie irgendein anderes hat auch das Vierte Gebot eine ganz solide egoistisch-biologische Grundlage. Das wird an denjenigen Lebewesen sichtbar, bei denen mehrere Generationen nebeneinander in Familiengruppen oder größeren Sozietäten leben. Diese Tiere sind allemal neugierig und lernfähig; das wiederum hat zur Folge, daß Erfahrungen, die einer gesammelt hat, auch für die anderen nutzbar werden. Ein typisches Beispiel dafür sind wieder die Paviansozietäten.
Lebewesen, die Erfahrungen sammeln und Erfindungen machen können, aber nicht über eine Schrift verfügen, in der sich diese Erfahrungen und Erfindungen niederlegen lassen, müssen sie im Kopf sammeln. Erfahrungen sammeln sich mit der Zeit an; also sind automatisch die Älteren die potentiell Erfahreneren. Diesen Erfahrungsspeicher können die Jüngeren nützen, wenn sie die Älteren bei sich halten. Diese wiederum genießen Vorteile durch die stärkeren, schnelleren und oft experimentierfreudigen Jüngeren. Wo Sozietäten aus Familien erwachsen, sind die Älteren zugleich die Eltern. Eindrückliche Beispiele für diese für alle vorteilhafte Rollenaufteilung nach dem Alter finden sich vor allem bei Primaten, aber auch bei Raubtieren. Die konservativen Alten bewahren Kenntnisse und geben sie, wenn sich die Gelegenheit bietet, an Jüngere weiter. Das sind zum

Beispiel Orts- und Wegkenntnisse, Erntemethoden, Feindvermeidungstaktiken. Die Jungen können in Spiel und Neugierverhalten Neues ausprobieren, vor unnötigen Risiken geschützt durch die Anwesenheit der erfahrenen Alten. In den bekannten Fällen von neu erfundenen Techniken bei Affen sind stets Jungtiere die Urheber; andererseits lernen die Alten fast nichts mehr hinzu und beharren auf ihren Gewohnheiten.

Es ist also durchaus im unmittelbaren Interesse der Jüngeren, die Älteren „in Ehren" zu halten, als Erfahrungsspeicher oder als Versicherung für verzwickte Lebenslagen, zum Wohle der Unerfahrenen, wie die Verheißung behauptet. Wieder geht es nicht vorrangig um Nächstenliebe, sondern um Eigennutz.

Die Liste der einschlägigen Beispiele ließe sich verlängern. Belassen wir es aber bei den genannten Fällen und stellen zum Schluß die eigentlich wichtigste Frage: Wenn Tiere also nachweislich die Fähigkeiten zum Lügen, Stehlen usw. haben und wenn ihnen das auch noch Vorteile bringen kann, warum ist solches Verhalten dann bei ihnen nicht gang und gäbe? Die Antwort ist nicht schwer zu finden, und ebenso naheliegend ist dann eine für uns Menschen wichtige Folgerung daraus.

Zunächst die Antwort: Bei den Eisfüchsen klappte die Schwindelei der Mutter nur wenige Male so prompt. Dann aber ließen sich die Jungen immer schwerer verscheuchen; sie kamen alsbald wieder aus dem Bau hervor, und einer duckte sich schließlich nur noch und folgte dem Ruf nicht mehr. Er hatte offenbar gelernt, daß der Ruf „sachlich falsch" war. So wurde der Ruf wirkungslos. Das war nur tragbar, weil es an dem betreffenden Ort für die Füchse keine Feinde gab; anderswo hätte die Abschaffung des Warnrufs fatale Folgen. Und diese Folgen sind es, die das Lügen verhindern, indem sie es bestrafen.

Unser Achtes Gebot hieß übrigens auch nicht: Du sollst immer und überall die Wahrheit sagen, sondern: Du sollst nicht als schweren Schaden stiftender falscher Zeuge gegen deinen Bruder aussagen. Unser Sprichwort: „Wer einmal lügt, dem glaubt man nicht, und wenn er auch die Wahrheit spricht“ weist auf dasselbe Regulativ hin: Wer Falschmeldungen ausgibt, schadet sich im Ernstfall selbst.

Ähnlich ist es für den, der im Kampf eskaliert und seine Kontrahenten möglichst ein für allemal beseitigt. Zunächst wird diese Taktik dem Vorteile bringen, der sie zuerst anwendet. Aber der Vorteil verringert sich, sobald das Beispiel Schule macht, weil es ja dann immer häufiger zwei solche eskalierende Kontrahenten sind, die aufeinandertreffen; und dann wird das Risiko im Kampf immer größer, besonders für den, der unvorsichtig eskaliert. Die Folge ist, daß jeder, statt zu eskalieren, erst einmal vorsichtig taxiert, wie stark der andere ist. Und das ist das Verhalten, das wir tatsächlich beobachten. Auch die geschilderten Versuche zum Eigentum bei Pavianen klappen nur, wenn sich die Rivalen individuell kennen. Fremden gegenüber funktioniert die Hemmung nicht, ihnen werden Futter oder Weibchen nach Möglichkeit weggenommen. Nicht weil Fremde grundsätzlich schwächer wären oder weniger Mitgefühl verdienten. Vielmehr heißt mit jemandem bekannt sein, daß man mit ihm im gleichen Trupp lebt; dann aber trifft man ihn jeden Tag und hat von ihm alsbald Gleiches zu erwarten.

Man kann also sagen, es sei die kalkulierte Sorge um das eigene Wohlergehen, das Tiere hindert, andere ungehemmt zu übervorteilen. Auch dafür haben wir ein Sprichwort: „Was du nicht willst, das man dir tu, das füg' auch keinem anderen zu.“ Tiere lügen, aber nicht mehr, als sie aushalten können, auch ihrerseits belogen zu werden; sie stehlen, aber nur soviel, wie sie sich dann auch von anderen bestehlen lassen.

Und das führt zu der letztendlichen Folgerung, die wir angekündigt haben: es ist offenkundig ein irriger Wunschtraum der Menschen anzunehmen, in der Natur ginge es so zu, wie die Ethik es vom Menschen verlangt. Wo Tiere einander nach unseren Begriffen fair behandeln, haben sie weder höhere Werte im Sinn wie etwa die Wahrheit an sich oder so etwas wie Ehrfurcht vor dem Leben oder dem Eigentum des anderen, noch haben sie so etwas wie Mitgefühl füreinander oder Respekt vor dem Artgenossen oder dem Recht des anderen. Was wie Altruismus aussehen mag, ist beiderseitiger Egoismus, der schließlich in einer risikogeladenen Pufferzone haltmacht. Tiere geben kein Modell her für Nächstenliebe, wohl aber für kaufmännisches Kalkulieren. In viel höherem Maße, als wir uns haben träumen lassen, steht vor allen ihren Handlungen eine Profitabschätzung „was bringt es mir – was kostet es mich".

Deshalb ist es grundsätzlich falsch, draußen bei der sogenannten guten Mutter Natur nach Vorbildern für unser eigenes ethisches Verhalten zu suchen, das unter dem Primat der Nächstenliebe stehen soll. Dafür, und erst recht für die radikale Ausweitung „Liebet eure Feinde", gibt es in der Natur kein Vorbild. Das heißt aber auch, man kann in der natürlichen Antriebs-Ausstattung des Menschen keine Anlagen dafür erwarten. So sehr Ethiker und Philosophen es vielleicht begrüßen, hier eine Sonderstellung des Menschen bestätigt zu finden, so viel Mühe werden sie dann aber haben, die so offenkundig un-natürlichen ethischen Forderungen an den Menschen ohne Rückgriff auf allgemein natürliche Gesetze zu begründen.

Die Autoren

Tobias Brocher, Dr. phil., geboren 1917. Bis 1983 als Sozialpsychologe und Psychoanalytiker an der Menninger Foundation in Topeka/USA, Psychotherapeut in Neuss, lehrt am Institut für Psychoanalyse und Psychotherapie in Düsseldorf. Tobias Brocher lebt in Neuss.

Jürgen Ebach, Dr. theol., geboren 1945, Professor für biblische Theologie an der Gesamthochschule Paderborn. Jürgen Ebach lebt in Bochum.

Guido N. Groeger, Dr. med., geboren 1917. Bis 1980 Leiter des Evangelischen Zentralinstituts für Familienberatung in Berlin, Honorarprofessor und Psychoanalytiker in Nürnberg. Guido N. Groeger lebt in Nürnberg.

Hartmut von Hentig, Dr. phil., geboren 1925, Professor für Erziehungswissenschaften an der Universität Bielefeld, Leiter der Laborschule in Bielefeld. Hartmut von Hentig lebt in Bielefeld.

Wolfgang Huber, Dr. theol., geboren 1942, Professor für Systematische Theologie und Sozialethik an der Universität Heidelberg. Wolfgang Huber lebt in Heidelberg.

Thilo Koch, geboren 1920, Schriftsteller und Journalist, bis 1964 ARD-Korrespondent. Thilo Koch lebt in Hausen ob Verena als Publizist und Journalist für Rundfunk und Fernsehen.

Luise Schottroff, Dr. theol., geboren 1934, Professor für Neues Testament an der Universität Mainz. Luise Schottroff lebt in Mainz.

Dorothee Sölle-Steffensky, Dr. phil. habil., geboren 1929, Professor für Systematische Theologie und Literaturwissenschaft in New York und Köln, Mitglied des P.E.N.-Zentrums der BRD. Dorothee Sölle lebt in Hamburg.

Wolfgang Wickler, Dr. rer. nat., geboren 1931, Schüler von Konrad Lorenz, Direktor des Max-Planck-Instituts für Verhaltensphysiologie in Seewiesen, außerordentlicher Professor für Zoologie an der Universität München. Wolfgang Wickler lebt in München.

Heinz Zahrnt, Dr. theol., geboren 1915. Bis 1975 Chefredakteur des „Deutschen Allgemeinen Sonntagsblatts", 1971 – 1973 Präsident des Deutschen Evangelischen Kirchentags. Heinz Zahrnt lebt als Publizist in Soest.